Beck-Wirtschaftsberater im dtv

Erfolgreiche Vorträge und Präsentationen

dtv

Beck-Wirtschaftsberater

Erfolgreiche Vorträge und Präsentationen

Überzeugend auftreten, Lampenfieber beherrschen

Von Wolfgang Mentzel
mit Zeichnungen von Christian Mentzel

3., vollständig neu bearbeitete Auflage

dtv

www.dtv.de
www.beck.de

Originalausgabe

dtv Verlagsgesellschaft mbH & Co. KG,
Tumblingerstraße 21, 80337 München

Druck und Bindung: Druckerei C.H. Beck, Nördlingen
(Adresse der Druckerei: Wilhelmstraße 9, 80801 München)
Satz: ottomedien GmbH, Darmstadt
Umschlaggestaltung: Agentur42, Bodenheim
unter Verwendung eines Fotos von AdobeStock/lightpoet
ISBN 978-3-423-50965-7 (dtv)
ISBN 978-3-406-73334-5 (C.H.Beck)
ISBN 978-3-406-73335-2 (eBook)

9 783406 733345

Vorwort

Wer vor Zuhörern spricht, möchte überzeugend auftreten und mit seinen Worten etwas bewirken. Dieses Buch richtet sich an alle, die einmalig oder regelmäßig vor kleinen oder größeren Gruppen Vorträge halten oder präsentieren müssen. Die Regeln und Empfehlungen können bei beruflichen, öffentlichen oder privaten Redeanlässen angewendet werden.

Das Buch weist Ihnen den Weg, wie Sie Ihre rednerischen Fähigkeiten entwickeln oder verbessern können. Die Erfahrungen von über 20 Jahren Rhetorik-Training, insbesondere die von den Teilnehmern eingebrachten Fragen und Probleme, sind in das Buch eingeflossen.

Das Buch enthält alle Arbeitsschritte von der Übernahme eines Vortrags oder einer Präsentation bis zur Durchführung. Besonders ausführlich wurden die Kapitel 6 (Lampenfieber) und Abschnitt 7.3 (Umgang mit Störungen) behandelt. Für eine schnelle Information sind am Ende jedes Kapitels die wichtigsten Regeln und Empfehlungen in einer Checkliste zusammengefasst.

Schon Cicero sagte „Reden lernt man nur durch Reden". Was bringt dann ein Buch über Rhetorik? Es bringt Ihnen dann etwas, wenn Sie das dargestellte rhetorische Instrumentarium nicht nur lesen, sondern in Übungen praktisch umsetzen. Sie finden zahlreiche Übungen, die Sie alleine oder in einer Gruppe durchführen können.

Wenn in diesem Buch von Rednern oder Zuhörern gesprochen wird, so sind gleichermaßen Frauen und Männer gemeint. Alle Leserinnen bitte ich dafür um Verständnis.

Gengenbach, im Herbst 2019 *Wolfgang Mentzel*

Inhaltsübersicht

Inhaltsverzeichnis

1. Kapitel

Sprechen vor Publikum

Sprechen vor Publikum ist das gemeinsame Merkmal vieler Kommunikationsformen. In diesem Buch geht es um Präsentation und Vortrag. Die dafür dargestellten Regeln und Empfehlungen gelten, wenn nicht ausdrücklich etwas anderes gesagt wird, für alle Situationen, in denen vor Publikum gesprochen wird.

1.1 Rede – Vortrag – Präsentation

Der umfassendste Begriff ist der Begriff Rede. Eine Rede wird als eine zumeist vorher überlegte, mündliche Mitteilung eines Redners an mehrere Personen definiert. Die Bandbreite möglicher Redeanlässe erstreckt sich von ein paar freundlichen Worten bei einer Familienfeier oder der Begrüßung einiger Gäste über die zahlreichen Lehrvorträge in der Ausbildung oder im Studium bis zu großen Fachvorträgen oder Kundenpräsentationen. Politische und wissenschaftliche Ansprachen gehören ebenso dazu wie die Predigt im Gottesdienst oder das Plädoyer des Anwalts. Die Büttenrede im Karneval oder die Trauerrede im Todesfall oder der monatliche Bericht über die wichtigsten Umsatzkennzahlen sind weitere Beispiele. Andere regelmäßige Anlässe sind Diskussionsbeiträge in Workshops oder Meetings.

Im Redealltag wird zwischen Vortrag und Rede nicht eindeutig unterschieden. Entsprechend breit wird der Begriff Vortrag als Rede vor Publikum über ein bestimmtes Thema definiert.

Eine Präsentation ist ebenfalls ein Vortrag, dessen Inhalt mithilfe von Sprache und Medien dargestellt wird. Oft wird der Vortrag durch eine Diskussion ergänzt. In einer Kurzdefinition zusammengefasst, kann die Präsentation als ein Vortrag mit Medienunterstützung bezeichnet werden, an den sich häufig eine Diskussion anschließt. Der Übergang vom Vortrag zur Präsentation ist fließend. Auch der Vortrag wird gelegentlich durch den Einsatz von Medien unterstützt.

Es bringt wenig, darüber zu diskutieren, ob es sich in einer bestimmten Situation um eine Rede, einen Vortrag oder eine Präsentation handelt. Viel aufschlussreicher ist die Frage, was Sie mit Ihrem Auftritt erreichen wollen.

Wichtig:

Vorträge und Präsentationen kennen zwei grundsätzliche Ziele: Das Publikum soll informiert oder von etwas überzeugt werden.

Überzeugen oder informieren

Der Überzeugungsvortrag wird gehalten, wenn der Redner sich zu einer kontroversen Frage äußert. Der Redner vertritt seinen eigenen Standpunkt und versucht, andere davon zu überzeugen oder zu einem bestimmten Handeln zu veranlassen. Der Überzeugungsvortrag endet in aller Regel mit einem Appell an die Zuhörer.

Wichtig:

Beim Überzeugungsvortrag versucht der Redner, die Einstellungen und den Willen seiner Zuhörer so zu beeinflussen, dass er sie für sein Anliegen gewinnt.

Bei der Argumentation überwiegen zumeist taktische Überlegungen; sie wird oft nur einseitig geführt, d.h., die dem Redeziel förderlichen Argumente werden dargelegt, während die Gegenargumente häufig unterschlagen werden. Die Ausführungen beschränken sich auf das Wesentliche; eine breite Erörterung von Sachinformationen könnte die Zuhörer verwirren und vom Vortragsziel ablenken. Präsentationen im Verkauf, Vorträge im politischen Bereich, aber auch das Plädoyer des Anwalts sind Beispiele für Überzeugungsvorträge.

Das Ziel des Informationsvortrags ist die Darstellung von Sachverhalten sowie die Informations- oder Wissensvermittlung. Bei den Zuhörern wird vorwiegend der Verstand angesprochen. Positive und negative Aspekte werden gleichermaßen dargestellt. Der Redner trennt korrekt zwischen eigener Meinung und Fremdmeinung.

Bei beruflichen oder wissenschaftlichen Fachvorträgen (Referaten) wird im Wesentlichen informiert, ebenso in der schulischen Bildung. Auch bei den verschiedenen Berichtsarten (Geschäftsbericht, Messebericht) dominieren die informatorischen Aspekte.

Wichtig:

Informationsvorträge dienen der Darstellung und Klärung von Sachverhalten sowie der Information- oder Wissensvermittlung. Die Inhalte werden (weitgehend) wertfrei dargeboten.

Informations- und Überzeugungsvorträge haben einen Sachinhalt und werden deshalb häufig auch als Sachvortrag bezeichnet. Dem Sachvortrag steht die Gelegenheitsrede gegenüber.

Gelegenheitsreden

Im Mittelpunkt der Gelegenheitsrede (auch Anlassrede oder Ansprache genannt) steht ein bestimmter beruflicher, gesellschaftlicher oder privater Anlass. Die Gelegenheitsrede befasst sich mit der augenblicklichen Situation, in der sie gehalten wird. Vom Redner wird erwartet, dass er auf die dem Anlass entsprechende Stimmung eingeht.

Die Anlässe sind im privaten, gesellschaftlichen oder beruflichen Bereich ähnlich:

- Gäste oder Mitarbeiter werden begrüßt oder verabschiedet
- Ehrungen (Jubiläen, Pensionierungen, Verdienste) werden vollzogen

- Glückwünsche bei Feiern (Betriebsjubiläum, Einweihung, Eröffnung, Hochzeit, Geburtstag, Taufe, Hausbau, Examen) werden ausgesprochen.

Statement und Stegreifrede

Nach der Vortragsdauer kann zwischen dem normalen Vortrag und dem Kurzbeitrag unterschieden werden. Letzterer wird auch als Statement bezeichnet. Empfehlungen zur Gestaltung eines Statements finden Sie in Abschnitt 2.3.4.

Kommunikation heute

Von einer **Stegreifrede** wird gesprochen, wenn jemand aus der bestehenden Situation heraus, also ohne Vorbereitung, eine Rede hält. Die drei Grundformen (Überzeugungs- und Informationsvortrag sowie Gelegenheitsrede) können immer auch Stegreifreden sein. Auch Wortbeiträge in Diskussionen sind zumeist kleine Stegreifreden. Hinweise zur Stegreifrede finden Sie in Abschnitt 2.3.4.

1.2 Was bestimmt den Erfolg ihrer Vorträge und Präsentationen?

Der Titel unseres Buches verspricht Ihnen erfolgreiche Vorträge und Präsentationen. Deshalb ist zu klären, welche Kriterien eine erfolgreiche Präsentation oder einen erfolgreichen Vortrag ausmachen.

Erfolgreich vortragen und präsentieren bedeutet nicht, mit rhetorischen Tricks und dialektischen Spitzfindigkeiten zu operieren. Erfolgreich vortragen bedeutet vielmehr, dem Publikum die richtigen Inhalte in einer verständlichen und überzeugenden Form so zu vermitteln, dass dessen Erwartungen erfüllt werden. Dabei werden mit Inhalt, Sprache und Auftreten drei Bewertungsmaßstäbe unterschieden. Anders ausgedrückt: der Erfolg Ihrer Vorträge und Präsentationen hängt davon ab,

- was Sie sagen,
- wie Sie es sagen und
- wie Sie dabei auftreten.

Wer vor anderen spricht, muss etwas zu sagen haben

Die erste Erfolgskomponente ist der Inhalt des Vortrags, also das, was ein Redner seinen Zuhörern sagen möchte. Dabei sind das Fachwissen und die fachliche Kompetenz des Redners wesentliche Voraussetzungen.

Der Redner muss klären, was er seinen Zuhörern sagen möchte, was er mit seinem Vortrag erreichen möchte und ob das Gesagte für die Zuhörer von Interesse (Nutzen) ist. Wer mit dem Wissen vor seine Zuhörer tritt, inhaltlich zu überzeugen und das zu sagen, was seine Zuhörer interessiert, wird keine Probleme bekommen. Der Inhalt muss in einer umfassenden Vorbereitung rechtzeitig erarbeitet werden.

Wer vor anderen spricht, muss sprachlich überzeugen

Eine weitere Erfolgskomponente neben dem Inhalt ist die Art und Weise, wie ein Redner seine Gedanken den Zuhörern vermittelt. Dazu zählen die sprachlichen Fähigkeiten.

Wer vor anderen spricht, muss so sprechen, dass er verstanden wird, d.h. er muss die richtige Sprache verwenden. Die Formulierungen müssen dem Sprachniveau der Zuhörer angemessen sein. Erfolgreiche Redner begeistern durch eine lebendige und anschauliche Vortragsweise mit bildhaften Beispielen.

Ebenso wichtig wie die Formulierung, ist die Sprechtechnik, d.h. die Art und Weise, wie ein Text ausgesprochen wird. Einzelheiten zur Sprache und Sprechtechnik sind in Kapitel 4 dargestellt.

Neben der Sprache ist die Visualisierung eine weitere Möglichkeit zur Wiedergabe Ihrer Gedanken. Bei Präsentationen ist die Visualisierung ein fester Bestandteil, bei Vorträgen können einzelne Gedanken visualisiert werden. Einzelheiten zur Medienauswahl und Mediengestaltung sind in Abschnitt 3.3 dargestellt.

Wer vor anderen spricht, muss überzeugend auftreten

Letztendlich hängt der Erfolg eines Vortrags oder einer Präsentation vom Auftreten des Redners ab. Das Auftreten wird durch zahlreiche Faktoren geprägt. Dazu zählen neben den schon erwähnten sprachlichen Fähigkeiten auch die Körpersprache und Ausstrahlung, ebenso die Selbstsicherheit und Glaubwürdigkeit. Für die Zuhörer muss erkennbar sein, dass der Redner hinter seinem Vortrag steht, dass er von dessen Inhalt selbst überzeugt ist und es ihm Freude bereitet, seinem Publikum etwas zu bieten.

Das Auftreten eines Redners kann durch Störungen und Lampenfieber beeinträchtigt werden. Instrumente zur Überwindung von Lampenfieber sind in Kapitel 6 dargestellt. Hilfen zum Umgang mit Störungen finden Sie in Abschnitt 7.3.

1.3 Von der Idee zum Vortrag

Von der Anfangsidee bis ein Vortrag gehalten wird sind zahlreiche Arbeitsschritte erforderlich. Dazu drei wichtige Empfehlungen:

- Bereiten Sie sich schriftlich vor.
- Nehmen Sie sich ausreichend Zeit.
- Gehen Sie systematisch vor.

Schriftliche Vorbereitung

Manche Redner verlassen sich auf ihr umfassendes Fachwissen und ihre Spontaneität. Beides sind wichtige Voraussetzungen, insbesondere um in einer Besprechung einen Diskussionsbeitrag zu leisten oder auch einmal aus dem Stegreif ein Statement abzugeben. Sie reichen jedoch nicht aus, um eine überzeugende Präsentation oder einen gelungenen Fachvortrag halten zu können. Nur wenn Sie sich schriftlich vorbereiten, befassen Sie sich intensiv mit dem Thema und stellen sicher, dass Sie während des Vortrags auf Ihre Vorüberlegungen zurückgreifen können.

Als Ergebnis der schriftlichen Vorbereitung sollten Sie über ein zuverlässiges Redemanuskript verfügen. Zu dessen Gestaltung gibt es viele Möglichkeiten. In diesem Buch wird die Verwendung von Stichwortkärtchen empfohlen. Aber auch jede andere schriftliche Form ist besser, als die Vorbereitung nur auf ein kurzes Durchdenken zu beschränken.

Nehmen Sie sich ausreichend Zeit

Nutzen Sie den gesamten Zeitraum, der zwischen der Übernahme und Durchführung des Vortrags liegt. Sobald Sie sich mit Ihrem Thema einmal befasst haben, arbeitet dieses im Geist weiter, auch dann, wenn Sie nicht unmittelbar damit beschäftigt sind. Das gilt auch, wenn Sie durch eine größere Ruhephase in der Vorbereitung etwas Abstand gewinnen. Neue Ideen entstehen und Sie kommen aus eingefahrenen Denkschienen heraus. Diese Chance entgeht Ihnen, wenn Sie in allerletzter Minute nur das unbedingt Notwendige zusammentragen.

Systematisch vorgehen

Eine vollständige Stoffsammlung und eine Gliederung sind erst möglich, wenn der Redner sich im Klaren darüber ist, was er mit seinem Vortrag erreichen möchte. Ein endgültiges Manuskript kann erst erstellt werden, wenn die Inhalte des Vortrags feststehen. Der im Folgenden skizzierte Ablauf in zehn Stufen hat sich bewährt.

(1) Redeziel festlegen

„*Wer nicht weiß, wohin er will, braucht sich nicht zu wundern, wenn er ganz woanders ankommt.*“ Diese bekannte Feststellung von Robert Mager gilt auch für jeden Vortrag und jede Präsentation. Die erste Frage, die sich jedem Redner stellt, ist die Frage nach dem Redeziel. Erst wenn das Redeziel eindeutig feststeht, können die weiteren Vorbereitungsschritte sinnvoll durchgeführt werden.

Wenn Sie sich für ein eindeutiges Redeziel entschieden haben, dann schreiben Sie dieses auf und legen es bei den weiteren Arbeitsschritten deutlich sichtbar vor sich. Damit können Sie jederzeit überprüfen, ob Sie noch zielorientiert arbeiten. Im Abschnitt 2.1 werden wir näher auf mögliche Redeziele eingehen.

(2) **Stoffsammlung**

Nachdem das Redeziel feststeht, folgt die Stoffsammlung. Auch wer ein Thema beherrscht, hat nicht alle Einzelheiten jederzeit auf Abruf parat.

Grundsätzlich sind bei der Stoffsammlung zwei Schritte zu unterscheiden:

- Einige Gedanken werden Ihnen bei der Übernahme des Themas spontan einfallen. Halten Sie alle Ideen unbedingt schriftlich fest, auch wenn Sie noch nicht sicher sind, ob Sie diese im Vortrag tatsächlich benötigen.
- In einer zweiten Stufe folgt die systematische Stoffsammlung. Regen Sie Ihr Denken durch Leitfragen an: Wer sind die Zuhörer? Welche Vorkenntnisse sind vorhanden? Was soll mit dem Vortrag erreicht werden?

Einzelheiten zur Vorgehensweise bei der Stoffsammlung finden Sie in Abschnitt 2.2.

(3) **Vorläufige Gliederung**

Als Ergebnis der Stoffsammlung verfügen Sie über eine Fülle an ungeordnetem Material. Entscheiden Sie sich frühzeitig für eine Gliederung. Je früher Sie sich für eine (vorläufige) Gliederung entscheiden, umso gezielter können Sie vorgehen. Sie können das bereits vorhandene Material zuordnen und die einzelnen Teile gewichten. Sie wissen auch, für welche Gliederungspunkte schon ausreichend Material vorliegt bzw. für welche Punkte weitere Aktivitäten erforderlich sind. Vermeiden Sie den beliebten „Schülerfehler", die Gliederung erst nach der Ausarbeitung zu formulieren.

Wir sprechen hier bewusst von einer vorläufigen Gliederung, denn es ist möglich, dass diese bis zur endgültigen Fertigstellung des Vortrags nochmals geändert werden muss. In Abschnitt 2.3 finden Sie

Einzelheiten zur Gliederung und zur Gestaltung von Einleitung, Hauptteil und Schluss.

(4) Hauptteil erarbeiten

Auch wenn Sie bei der Stoffsammlung zunächst alle Ideen festhalten, heißt das nicht, dass auch alle Gedanken in den Vortrag eingehen. Nehmen Sie in das endgültige Manuskript nur auf, was wirklich gesagt werden muss. Hierbei kann es hilfreich sein, den Vortrag aus der Sicht der Zuhörer zu sehen. Diese würden durch zu viele Details überfordert und überblicken möglicherweise nicht mehr den Gesamtzusammenhang. Gedanken, die für den Redner selbstverständlich sind, sind für die Zuhörer völlig neu und müssen von diesen erst verarbeitet werden. Überfordern Sie Ihr Publikum nicht, denken Sie auch daran, dass einigen Zuhörern manche Vorkenntnisse fehlen können, die zunächst geklärt werden müssen.

(5) Einleitung und Schluss formulieren

Die Behandlung des eigentlichen Themas ist Sache des Hauptteils. Wenn dieser steht, dann sollte es nicht mehr schwer sein, eine passende Einleitung sowie einen geeigneten Schluss zu finden. Leider verschießen viele Redner ihr Pulver zu früh. Die Einleitung soll zwar das Interesse des Publikums wecken, aber sie soll nicht bereits das Problem behandeln. Meiden Sie diese Gefahr, indem Sie Einleitung und Schluss erst nach Fertigstellung des Hauptteils endgültig festlegen.

(6) Stoff eingrenzen, ergänzen, neu gliedern

Wer rechtzeitig mit der Vorbereitung beginnt, kann diese auch einmal unterbrechen und das Erarbeitete zwischenzeitlich ruhen lassen. Durch die zeitliche Distanz verändert sich manchmal die Einstellung zum Thema. Nicht jeder Einfall aus der Stoffsammlung muss auch ausgesprochen werden. Streichen Sie alles, was nicht unbedingt zum Erreichen des Redeziels erforderlich ist.

Die Ruhephase bietet auch die Chance, Lücken im bisherigen Konzept zu erkennen. Dann ist es erforderlich, nochmals in die Materialsuche einzusteigen und die bisherigen Gedanken zu ergänzen. Scheuen Sie sich nicht, Ihren Vortrag nochmals neu zu gliedern, wenn Sie eine bessere Idee haben.

(7) Vorbereiten auf eine Aussprache

Bei der Ausarbeitung des Hauptteils wird auch eine Rolle spielen, ob nach dem Vortrag eine Diskussion oder Aussprache vorgesehen ist. In solchen Fällen können z.B. solche Aspekte, die nur für einen Teil des Publikums von Interesse sind, in die Diskussion verlagert werden. Einzelheiten zur Gestaltung einer Aussprache werden in Abschnitt 7.4 behandelt.

(8) Endgültiges Manuskript erstellen

Beim Erarbeiten des Hauptteils, der Einleitung und des Schlusses entsteht ganz von selbst ein erster Entwurf eines Redemanuskripts. Allerdings wird kaum eine Erstfassung perfekt sein. Nur ein zuverlässiges Manuskript wird im Vortrag eine wirkliche Hilfe sein. Wir befürworten wie die meisten Rhetorik-Trainer und Autoren von Rhetorikbüchern das freie Reden anhand von Stichworten. Einzelheiten über Möglichkeiten der Manuskriptgestaltung finden Sie in Abschnitt 2.4.

(9) Hilfsmittel und Umfeld vorbereiten

Während der Vorüberlegungen werden Sie sich auch über geeignete Hilfsmittel Gedanken machen. Sie müssen sich u.a. entscheiden, welche Aussagen Sie durch Visualisierung veranschaulichen wollen.

Soweit Sie Einfluss nehmen können, sollten Sie schon bei der Vorbereitung an das Umfeld (z.B. Vortragsraum, Hilfsmittel) denken. Informieren Sie sich auch rechtzeitig, ob Sie hinter einem Pult sprechen werden und ob ein Mikrofon benutzt werden muss.

(10) Generalprobe

Durch eine Generalprobe können Sie prüfen, ob Sie sich innerhalb der vorgesehenen Redezeit befinden und ob Ihre Gliederung folgerichtig aufgebaut ist. Sie können schwierige Formulierungen trainieren und Sie erfahren, ob bestimmte Gedanken (Beispiele, Vergleiche, Zitate) so ankommen, wie Sie sich das vorgestellt haben. Das alles vermittelt zusätzliche Sicherheit und trägt dazu bei, etwa vorhandenes Lampenfieber zu reduzieren.

Eine Generalprobe kann vor Familienmitgliedern oder Freunden durchgeführt werden. Bitten Sie einen solchen Zuhörerkreis um offene Kritik, die sowohl den Inhalt als auch die Darbietung und Ihr gesamtes Auftreten umfasst. Einzelheiten zur Generalprobe finden Sie in Abschnitt 6.4.

Checkliste: Sprechen vor Publikum

- Vorträge und Präsentationen kennen zwei grundsätzliche Ziele: Das Publikum soll informiert oder von etwas überzeugt werden.
- Der Informationsvortrag dient der Darstellung und Klärung von Sachverhalten sowie der Informations- und Wissensvermittlung.
- Beim Überzeugungsvortrag versucht der Redner, die Einstellungen und den Willen seiner Zuhörer so zu beeinflussen, dass er sie für sein Anliegen gewinnt. Der Vortrag läuft auf einen Appell hinaus.
- Die Präsentation ist zumeist ein Überzeugungsvortrag, bei dem die verbalen Ausführungen visuell unterstützt werden.
- Der Erfolg Ihrer Vorträge und Präsentationen hängt davon ab,
  - was Sie sagen (Inhalt)
  - wie Sie es sagen (Sprache) und
  - wie Sie dabei auftreten (Auftreten).
- Nehmen Sie sich zur Vorbereitung ausreichend Zeit.
- Bereiten Sie sich schriftlich vor.
- Gehen Sie systematisch vor:
  - Vortragsziel festlegen
  - Stoffsammlung
  - (Vorläufige) Gliederung
  - Hauptteil erarbeiten
  - Einleitung und Schluss formulieren
  - Stoff eingrenzen/ergänzen/evtl. neu gliedern
  - Stichwortmanuskript erstellen
  - Hilfsmittel vorbereiten
  - Probevortrag halten (Generalprobe)

2. Kapitel

Inhaltliche Vorbereitung

Der Grundstein für den Redeerfolg wird mit der Vorbereitung gelegt.

Zwar hat wohl jeder Redner bei der Übernahme eines Themas schnell ein paar Ideen, aber die allein machen noch keinen guten Vortrag aus. Weitere Arbeitsschritte sind erforderlich:

- Die Anfangsideen müssen um zusätzliches Material ergänzt werden.
- Die Gedanken müssen geordnet und in eine sinnvolle Gliederung gebracht werden.
- Redeunterlagen müssen erstellt werden.
- Medien und andere technische Hilfsmittel müssen vorbereitet werden.

2.1 Vortragsziel an den Zuhörern orientieren

Wer einen Vortrag oder eine Präsentation hält, muss sein Redeziel und seinen Zuhörerkreis kennen. Die grundlegende Unterscheidung in Überzeugungs- und Informationsvortrag wurde schon dargestellt. Aber das reicht zur Formulierung eines eindeutigen Redeziels nicht aus. Wer einen Vortrag hält oder präsentiert, muss sich in die Situation seiner Zuhörer versetzen können, damit er seinem Anliegen zum Durchbruch verhelfen kann. Er muss die Interessen seiner

Zuhörer kennen. Deshalb stehen am Anfang aller Überlegungen die beiden Fragen:

- Vor welchem Zuhörerkreis wird gesprochen und
- was soll mit dem Vortrag oder der Präsentation erreicht werden?

Nur anhand eindeutig definierter Vortrags- oder Präsentationsziele können Sie beurteilen, ob Sie die beabsichtigte Wirkung erreichen. Überlegen Sie deshalb schon bei der Vorbereitung Kriterien, mit deren Hilfe Sie Ihr Vortragsziel messen können.

Wichtig:

Wer einen Vortrag oder eine Präsentation hält, muss klären, worüber er spricht (Thema), vor wem er spricht (Zuhörer) und was er mit seinen Ausführungen erreichen möchte (Redeziel).

Nicht immer liefert das Thema eine eindeutige Auskunft. Wenn Sie einen Vortrag oder eine Präsentation im Auftrag eines anderen durchführen, dann klären Sie mit dem Auftraggeber die Zielsetzung.

Beispiel: Ein Vorgesetzter überrascht seinen Mitarbeiter mit folgender Aufgabe: *„Bitte vertreten Sie mich am übernächsten Freitag bei der Kammer. Ich soll dort zum Thema Personalentwicklung referieren und bin verhindert. Sie leiten seit Jahren unsere Abteilung Personalentwicklung und beherrschen das Thema sowieso viel besser als ich".*

Dieses Beispiel zeigt, dass noch einige Fragen zu klären sind, bevor der Mitarbeiter den Vortrag halten kann, denn außer einem Hinweis auf den Termin hat der Vorgesetzte keine genauen Angaben gemacht. Lautet das Thema nur *„Personalentwicklung"* oder ist es genauer formuliert? Es ist ein Unterschied, ob das im eigenen Unternehmen bestehende Konzept nur vorgestellt wird oder ob die Zuhörer dafür gewonnen werden sollen, Personalentwicklung in ihrem Unternehmen einzuführen. Im ersten Fall würde die Information im Vordergrund stehen, der Vortrag könnte dann z.B. lauten: *„Erfahrungen mit der Personalentwicklung der Firma XYZ"*. Im zweiten Fall wäre das Ziel, die Zuhörer von der Notwendigkeit der Personalentwicklung zu überzeugen. Das Thema könnte in diesem Fall wie folgt formuliert sein: „*Personalentwicklung liefert die Fachkräfte der Zukunft*".

Falls die Formulierung des Themas keine genaue Auskunft über das Vortragsziel gibt, muss sich der Redner auf andere Weise Klarheit verschaffen. Hilfe erhalten Sie, wenn Sie sich in die Rolle der Zuhörer versetzen und überlegen, welche Fragen diese durch den Besuch Ihres Vortrags oder Ihrer Präsentation beantwortet haben möchten. Auch die Zusammensetzung des Publikums sowie eine Information über dessen Vorkenntnisse und Erfahrungen mit dem Thema können Hinweise auf das Redeziel geben. Ein Vortrag vor Fachkollegen hätte wahrscheinlich andere Ziele und Inhalte, als wenn vor Teilnehmern referiert würde, die sich erstmalig mit dem Thema befassen.

Überzeugend auftreten

Das weitere Vorgehen orientiert sich am Vortragsziel

Das Vortragsziel ist bestimmend für die weitere Planung und Vorgehensweise. Die Stoffsammlung und Stoffauswahl sowie die Gliederung Ihres Vortrags werden nicht ohne genaue Kenntnisse des Vortragsziels möglich sein. Auch für die Entscheidung, welche Vortragsteile visuell unterstützt werden sollen, müssen Sie Ihr Redeziel kennen.

Wichtig:

Orientieren Sie sich am Informationsbedürfnis Ihres Publikums. Versetzen Sie sich gedanklich in die Situation Ihrer Zuhörer, damit Sie Ihre Ausführungen zuhörerorientiert darstellen können.

Überlegen Sie sich, was die Zuhörer schon wissen, was Sie noch wissen möchten, was sie interessiert. Die Stoffauswahl unter diesem Aspekt wird nur möglich sein, wenn Sie genau wissen, wer ihre Zuhörer sind.

2.2 Stoffsammlung

Nachdem das Redeziel feststeht, folgt die Stoffsammlung. Halten Sie bei der Materialsuche zunächst alle Gedanken fest, die Ihnen einfallen, auch wenn Sie noch nicht sicher sind, ob Sie diese im Vortrag tatsächlich benötigen.

Auch Gedanken, die nicht in den Vortrag einfließen, können nützlich sein. Ein Redner sollte immer wesentlich mehr wissen, als er sagt. Einzelne Gedanken können auch in einer späteren Diskussion noch nachgeschoben werden.

Spontanideen zum Thema sofort aufschreiben

Einige Gedanken werden Ihnen bei der Übernahme des Themas spontan einfallen. Halten Sie alle Ideen unbedingt schriftlich fest. Für die Sammlung der Spontanideen können die an anderer Stelle noch angesprochenen Stichwortkärtchen verwendet werden. Wenn Sie jeden Gedanken auf ein eigenes Kärtchen schreiben, dann können Sie die Kärtchen später durch einfaches Umsortieren in die gewünschte Reihenfolge bringen.

Systematische Stoffsammlung

Nicht alle Gedanken werden Ihnen von selbst zufliegen. Deshalb folgt in einem zweiten Schritt die systematische Stoffsammlung. Es gilt, die für jedes Thema vorhandenen Quellen zu erschließen. Regen Sie dazu Ihr Gedächtnis durch Fragen an. Diese können sich auf das Thema und den Inhalt sowie auf das Publikum beziehen.

Fragen zum Publikum

- Wer ist der Veranstalter?
- Vor wem wird der Vortrag gehalten?
- Wie viele Zuhörer kommen voraussichtlich?
- Welche Vorkenntnisse und Erfahrungen haben die Zuhörer?
- Was interessiert die Zuhörer?
- Was interessiert die Zuhörer nicht?

Fragen zum Thema und Inhalt

- Was ist der Anlass für den Vortrag?
- Wie ist das Thema genau formuliert?
- Warum spreche ich?
- Was will ich erreichen (Redeziel)?
- Was sind die wichtigsten Aussagen, um das Redeziel zu erreichen?
- Wie erreiche ich die Beziehungsebene (Gefühlsebene)?
- Welche Probleme bestehen?
- Welche Argumente habe ich?
- Mit welchen Gegenargumenten ist zu rechnen?
- Welche Kenntnisse und praktischen Erfahrungen habe ich auf diesem Gebiet?
- Kann ich neue Erkenntnisse vermitteln?
- Welche Möglichkeiten zum Auflockern habe ich?
- Welche Daten müssen genannt werden?
- Sind die Ausführungen von Vorrednern zu berücksichtigen?
- Wie lässt sich das Thema im Vortrag darbieten?
- Sollen einzelne Gedanken visualisiert werden?
- Ist eine anschließende Diskussion vorgesehen?
- Was kann in der Diskussion behandelt werden?

Technisch-organisatorische Fragen

- Wie viel Zeit steht zur Verfügung?
- Wie sieht der Vortragsraum aus?
- Welche Hilfsmittel können eingesetzt werden?
- Sind die benötigten Hilfsmittel vorhanden?

Stoffauswahl und Gewichtung

In dieser Vorbereitungsstufe kommen qualitative Aspekte hinzu. Aus der Fülle des Materials muss ausgewählt werden, was in der begrenzten Zeit vorgetragen werden soll und kann. Anhand des Redeziels und der Zielgruppe wird auch überprüft, welches Gewicht die einzelnen Teile in der Gesamtdarstellung haben sollen. Folgende Fragen können bei dieser Entscheidung helfen:

- Was muss unbedingt vorgetragen werden, weil es zum Verständnis beiträgt und/oder meine Argumentation stützt?
- Was kann (bei knapper Zeit) am ehesten wegbleiben?
- Welchen Nutzen haben die einzelnen Aussagen für die Zuhörer?
- Gibt es aus Sicht der Zuhörer negative Auswirkungen zu beachten?
- Welche Aussagen sind zum Erreichen des Präsentations- oder Vortragsziels am wichtigsten?
- Wo und in welchem Umfang muss die Vorgeschichte dargestellt werden?
- Was kann zu Kernaussagen zusammengefasst werden?
- Dürfen bestimmte Dinge nicht gesagt werden (Fettnäpfchen vermeiden)?
- Welche Möglichkeiten zur Auflockerung gibt es?
- Müssen die Ausführungen von Vorrednern beachtet werden?
- Ist eine anschließende Diskussion vorgesehen und wenn ja, was kann in die Diskussion verschoben werden?

Wählen Sie Ihr Vortragsmaterial auch danach aus, ob sie

- Neues vermitteln
- Ungewöhnliches darstellen
- Gefühle ansprechen

Nicht alles, was Ihnen einfällt, werden Sie in den Vortrag aufnehmen. Beachten Sie bei der Vorbereitung, dass von der vorgesehenen Redezeit auch noch einige Minuten für Orientierungshilfen und andere von den Zuhörern geschätzte Informationen (zusätzliche Beispiele, aktuelle Bezüge) benötigt werden.

Wichtig:

Haben Sie Mut, Wissen, über das Sie verfügen oder Material, das Sie gesammelt haben, wegzulassen.

2.3 Struktur und Dramaturgie

Eine wesentliche Voraussetzung für die Verständlichkeit eines Vortrags oder einer Präsentation ist eine klare und logische Gliederung. Oder anders ausgedrückt: der „rote Faden" von der Anrede und Begrüßung bis zur Verabschiedung muss erkennbar sein. Dem Publikum wird das Zuhören und Verständnis erleichtert und als Redner hilft Ihnen die Gliederung, Ihre Gedanken zu ordnen und in eine logische Abfolge zu bringen.

Eine erste Grobstruktur liefert das schon im Schulaufsatz bewährte Drei-Stufen-Schema Einleitung – Hauptteil – Schluss. Als Orientierung für die zeitliche Relation dient eine Faustregel mit folgenden Werten:

Einleitung	**10–15 %**
Hauptteil	**75–85 %**
Schluss	**5–10 %**

Die Gliederung in Einleitung, Hauptteil und Schluss reicht für die meisten Themen nicht aus. Mindestens der Hauptteil muss weiter untergliedert werden. Beachten Sie beim Entscheid, wie stark Sie einen Vortrag strukturieren wollen, auch den Zuhörerkreis und den Redeanlass.

2.3.1 Interesse wecken durch einen gelungenen Einstieg

Der Erfolg eines Vortrags oder einer Präsentation hängt auch davon ab, ob es dem Redner mit den ersten Worten gelingt, sein Publikum für sich einzunehmen.

Wichtig:

Die Einleitung beansprucht zwar nur 10 bis 15 Prozent der Vortragszeit, aber sie macht ein Drittel der Wirkung auf die Zuhörer aus.

Bei Präsentationen und Vorträgen gehören zur Einleitung

- die Begrüßung und Anrede der Zuhörer,
- ein Anfangssatz, der Interesse weckt und „Lust auf mehr“ macht und
- die thematische Hinführung der Zuhörer zum Hauptteil.

Anrede und Begrüßung

Zwischen Redner und Zuhörern besteht zunächst eine Art unsichtbare Barriere, die möglichst schnell überwunden werden muss. Dabei hilft die richtige Anrede.

Wichtig:

Eine freundliche Anrede der Zuhörer ist ein Pflichtbestandteil. Zeigen Sie Ihre Verbundenheit mit den Zuhörern auch durch Blickkontakt, Mimik und Körperhaltung.

Wie die Anrede lautet, hängt vom Anlass und vom Zuhörerkreis ab. Die Anrede „*Meine Damen und Herren*” ist zwar korrekt, aber relativ unpersönlich. Dennoch ist diese Formulierung besser, als ohne Anrede direkt ins Thema einzusteigen. Die Zuhörer fühlen sich stärker angesprochen, wenn die Anrede deutlicher auf den anwesenden Personenkreis abgestellt ist.

Beispiele:

- "Liebe Mitarbeiter" oder "Guten Tag, liebe Mitarbeiter"
- "Liebe Kollegen"
- "Guten Abend, liebe Anwohner der Blumenstraße"

Der wichtige erste Satz

Neben der passenden Anrede haben Sie mit einem gelungenen Anfangssatz eine zweite Möglichkeit, Ihr Publikum für sich zu gewinnen. Entscheiden Sie sich für eine Einstiegsvariante, die sowohl zum Publikum als auch zu Ihnen selbst passt.

Zuhörerkompliment

Das Zuhörerkompliment ist der klassische Beginn, wie er uns von den Rednern der Antike überliefert wurde. Dabei wird die Empfänglichkeit der Menschen für Komplimente genutzt. Achten Sie aber darauf, dass das Kompliment als ehrlich empfunden wird und sich nicht in einer stereotypen Floskel erschöpft.

Beispiele:

- Ein Vortrag beginnt bereits morgens um 8 Uhr. Der Redner entscheidet sich für folgenden Einstieg: *„Meine Damen und Herren, ich freue mich, dass Sie sich zu so ungewöhnlicher Stunde hier eingefunden haben."*
- *„Meine Damen und Herren, ich freue mich, dass Sie trotz Neuschnee und Glatteisgefahr zu unserer Veranstaltung gekommen sind".*
- Die folgende, positiv gemeinte Formulierung könnte allerdings missverstanden werden: *„Meine Damen und Herren, durch die Teilnahme an der heutigen Veranstaltung beweisen Sie Ihr Engagement in dieser Angelegenheit".*

Ein wenig origineller Einstieg ist der *„Dank an das Publikum für das zahlreiche Erscheinen"*.

Gemeinsamkeit herstellen

Diese Möglichkeit eignet sich vor allem dann, wenn Zuhörer mit unterschiedlichen Auffassungen zusammenkommen. Ein Hinweis auf gleiche Probleme oder Interessen, die gleiche Herkunft, die Zugehörigkeit zur gleichen Berufsgruppe oder ein gemeinsames Erlebnis können hier angesprochen werden. Durch Gemeinsamkeiten können Sie Sympathie gewinnen.

Beispiele:

- „Meine Damen und Herren, wir alle zahlen viel zu viel Steuern!"
- „Liebe Bewohner der Blumenau, die Verkehrssituation in unserem Wohnbezirk geht uns alle an!"
- „Meine Damen und Herren, wir bilden bei der Entlohnung wieder einmal das Schlusslicht!"

Einstieg mit Humor

Diese Möglichkeit wird im deutschen Sprachraum viel zu wenig genutzt. Bei wissenschaftlichen Veranstaltungen und bei vielen Fachvorträgen ist Humor sogar fast verpönt. Das ist schade. Ein Zuhörer, der zunächst einmal schmunzelt, kann sich dennoch intensiv mit den nachfolgenden wissenschaftlichen Ausführungen auseinandersetzen.

Durch eine kleine Geschichte mit einer guten Pointe, die zum Thema passt, oder eine gut ausgewählte Anekdote oder einem gelungenen Cartoon können Sie Ihr Publikum bei jeder Art von Vortrag zum Schmunzeln bringen.

Beispiel: Ein Vortrag gegen das Rauchen wurde wie folgt begonnen: *„Meine Damen und Herren, ein Patient wird mit Verdacht auf Herzinfarkt ins Krankenhaus eingeliefert. Der aufnehmende Arzt fragt ihn: „Rauchen Sie?" Antwort des Patienten: „Nicht mehr!" Arzt: „Seit wann?" Patient: „Seit einer Stunde!"*

Zitate

Das Zitat ist ein bewährtes rhetorisches Mittel, das sowohl beim Einstieg als auch im weiteren Verlauf eines Vortrags für Abwechslung und Lockerung sorgt.

Beispiel: Ein Vortrag über rhetorische Stilmittel könnte wie folgt beginnen: *„Meine Damen und Herren, Schopenhauer hat einmal gesagt"* (Pause, etwas lauter) *„Nichts ist schwerer, als bedeutende Gedanken so auszudrücken, dass jeder sie verstehen muß"* (Pause, Blick zum Publikum; mit normaler Lautstärke weiter)

Hilfsmittel und Anschauungsmaterial einsetzen

Bei einer Präsentation sind Hilfsmittel und Anschauungsmaterial Pflichtbestandteile. Bei Vorträgen zählen zu dieser Kategorie alle Möglichkeiten, bei denen am Anfang eine Aktion steht. In der Fachsprache wird von Demonstration gesprochen. Besonders erfolgreich erweisen sich Situationen, bei denen die Zuhörer etwas tun können. Folgende Varianten sind denkbar:

- Visuelle Hilfsmittel
- Einspielen eines kurzen Films (kommt oft vor bei Firmenpräsentationen),
- technische Demonstrationen,
- das Vorzeigen von Mustern, Modellen, Katalogen oder
- die Aktivierung des Publikums.

Beispiele:

- Bei einem Vortrag über gesunde Ernährung lässt der Redner zunächst einen Korb mit Äpfeln kreisen, aus dem sich die Zuhörer bedienen.
- Auch der Redner beeindruckte sein Publikum, der zu Beginn seines Vortrags gegen das Rauchen das Plakat einer Krankenkasse aufrollte, das ein menschliches Gerippe zeigte mit dem Hinweis *„Rauchen macht schlank"*.

Problemlösung versprechen

Wer seinem Publikum die Lösung eines echten Problems verspricht, kann sich dessen Aufmerksamkeit sicher sein. Ein solches Versprechen muss dann aber in den nachfolgenden Ausführungen auch eingelöst werden.

Beispiel: Ein Rhetorik-Trainer beginnt sein Seminar wie folgt: *„Meine Damen und Herren, ich garantiere Ihnen, dass ich Sie in diesem Seminar alle ein Stückchen weiter bringe. Bitte notieren Sie sich diese Behauptung und überprüfen Sie sie am Seminarende."*

Aktuelle Daten und Fakten

Durch aktuelle Daten und Fakten zeigen Sie, dass Ihr Vortrag sich mit Problemen der Gegenwart befasst. Auch seriöse Statistiken sind geeignet, wenn der Bezug zum Thema gewährleistet ist.

Beispiel: Bei einem Vortrag über „Geschwindigkeitsbegrenzungen auf Autobahnen" könnte z.B. auf die Zahl der Verkehrsunfälle im letzten Jahr verwiesen werden: *„Meine Damen und Herren, jährlich sterben auf deutschen Autobahnen ..."*

Auch aktuelle Meldungen aus den Nachrichten oder die Schlagzeile der Tageszeitung sind als Einstieg geeignet, wenn sie zum Thema passen. Für einen solchen Einstieg entscheiden Sie sich kurzfristig, unmittelbar vor dem Vortrag. Zu Gunsten der Aktualität wird der vorbereitete Einstieg durch die Tagesmeldung ersetzt. Bei Fachvorträgen wird gerne auf neuere Untersuchungen oder Veröffentlichungen hingewiesen.

Beispiel: Bei einem Vortrag gegen hohen Alkoholkonsum verzichtete der Redner auf den vorbereiteten Einstieg über eigenes Fehlverhalten und beginnt statt dessen: *„Meine Damen und Herren, gestern Abend hörte ich in der Tagesschau, dass die Werbung für Alkoholika bei Sportveranstaltungen künftig nicht mehr erlaubt sein wird. Das ist ein erster Schritt, um ..."*

Vergleiche herstellen

Auch dies ist eine sehr sachliche Variante. Vergleiche unterschiedlichster Art sind denkbar:

- Die heutige Situation kann mit früher verglichen werden,
- der Entwicklung in unserem Betrieb wird die des Nachbarbetriebs (oder Wettbewerbers) entgegengehalten,
- unsere Abteilung vergleicht sich mit anderen Abteilungen,
- auch unterschiedliche Problemlösungen sind als Vergleichsgegenstand denkbar.

Beispiel:
- Ein Verbandsvertreter referiert vor den Einzelhändlern der Innenstadt: „Meine Damen und Herren, vor dem Bau der Umgehungsstraße hatten wir zwar viel Verkehr, aber auch viele Kunden. Heute dagegen haben wir ..."
- In einer Abteilungsversammlung beginnt ein Mitarbeiter seine Ausführungen zu den Gehaltsforderungen wie folgt: „Liebe Kolleginnen und Kollegen, im Gegensatz zu den Kollegen im Außendienst verdienen wir im Innendienst nur ..."

Historischer Beginn

Ein historischer Einstieg muss nicht zwangsläufig bedeuten, dass Sie mit Adam und Eva beginnen. Ein treffendes Ereignis aus der Geschichte oder ein Rückgriff auf Geschehnisse von früher sind nicht ausgeschlossen. Die vergangenheitsorientierte Einleitung ist vor allem bei vielen Gelegenheitsreden (Vereinsjubiläum, Mitarbeiterverabschiedung) beliebt.

Beispiel: Nochmals das Thema „Geschwindigkeitsbegrenzungen auf Autobahnen". Es geht sicherlich nicht am Thema vorbei, wenn der Redner wie folgt beginnt: *„Meine Damen und Herren, als Bertha Benz im Jahre 1886 die erste Autofahrt von Mannheim nach Pforzheim startete, kannte sie das Problem Geschwindigkeitsbegrenzung noch nicht".*

Die Wirksamkeit aller genannten Einstiegsmöglichkeiten ist besonders groß, wenn sie mit Blickkontakt verbunden sind. Sie kennen wahrscheinlich die bekannte Redensart *„Es gibt keine zweite Chance für einen guten ersten Eindruck".* Wir werden an uns im Kapitel 5 (Körpersprache) noch ausführlicher mit dem Blickkontakt beschäftigen.

Rhetorische Frage als Einstieg

Die rhetorische Frage hat sich beim Einstieg ebenso bewährt wie als rhetorisches Stilmittel innerhalb des Vortrags. Im Rhetorik-Seminar hat sich die rhetorische Frage als die beliebteste Einstiegsmöglichkeit erwiesen. Das hängt u.a. auch damit zusammen, dass es bei einem Einstieg über die rhetorische Frage keiner großen Überlegungen bedarf. Es genügt, einen interessanten Aspekt des Themas aufzugreifen und ihn als Frage zu formulieren. Durch die Frageform werden die Gedanken der Zuhörer sofort in das Thema hineingezogen.

Beispiele:

- Beim Thema „Gesunde Ernährung" könnte die Frage lauten: „Meine Damen und Herren, essen wir nicht alle viel zu viel Fett?"
- Das Thema „Verkehrssituation im Wohnbezirk" könnte mit der Frage begonnen werden: „Meine Damen und Herren, wie lange müssen wir uns das noch gefallen lassen?"

Vorsicht vor direkten Fragen

Die rhetorische Frage ist ein leicht zu formulierender Einstieg ohne Risiko. Ganz anders die direkte Frage. Manche Redner beginnen mit einer Frage an einzelne oder alle Zuhörer. Das kann erfolgreich sein, wenn die richtige, für den Fortgang des Vortrags erforderliche Antwort gegeben wird. Es kann aber auch vorkommen, dass die Frage unbeantwortet bleibt oder dass die „falsche" Antwort gegeben und der Redner aus dem Konzept gebracht wird. Einige Redeprofis sichern sich gegen diese beiden Gefahren dadurch ab, dass sie vorher mit einem Teilnehmer die erwünschte Antwort absprechen.

Übergang zum Thema

Zur Einleitung gehört auch, dass die Zuhörer zum eigentlichen Thema hingeführt werden. Die folgenden Möglichkeiten sind besonders häufig anzutreffen:

- Durch einen Hinweis auf das Ziel des Vortrags zeigen Sie dem Publikum die Richtung Ihrer Ausführungen und können im Hauptteil sofort mit der Argumentation beginnen.
- Durch eine Abgrenzung des Themas verdeutlichen Sie, was in diesem Vortrag behandelt bzw. ausgeklammert wird.
- Sie skizzieren das weitere Vorgehen oder erläutern die Gliederung, um dann im Hauptteil direkt mit dem ersten Gliederungspunkt zu beginnen.
- Sie formulieren Thesen oder Fragen, um im Hauptteil die entsprechenden Antworten zu geben.

Wichtig:

Versprechen Sie durch die Einleitung nicht mehr, als Sie in den folgenden Ausführungen halten können.

Eigene Vorstellung kurz halten

Bei Fachvorträgen und Präsentationen kann es vorkommen, dass der Redner sich selbst kurz vorstellen muss. Das würde im Anschluss an die Begrüßung geschehen. Der Umfang der Vorstellung hängt von der jeweiligen Situation ab. Die Bandbreite möglicher Informationen kann sich vom Namen über Herkunft, das vertretene Unternehmen, die Funktion im Unternehmen, die heutige Rolle des Redners bis zu einem kurzen Lebenslauf erstrecken. Halten Sie die Angaben zur eigenen Person so knapp wie möglich, denn die Zuhörer wollen zwar wissen, wer vor ihnen steht, aber sie sind in erster Linie wegen des Sachproblems gekommen.

Kein negativer Vortragsbeginn

Es gibt nur wenige Redesituationen, bei denen Sie ohne einen Einstieg auskommen. Wenn Sie sich in einer Besprechung mit einem kurzen Diskussionsbeitrag beteiligen oder ein Statement abgeben, können Sie direkt zur Sache kommen. In diesen Fällen beschäftigen sich die Zuhörer bereits mit dem Problem. Auch bei ganz kurzen Vorträgen, wenn nur wenige Minuten zur Darstellung eines umfangreichen Sachproblems verfügbar sind, kann auf den Einstieg verzichtet werden.

Auf keinen Fall sollte am Anfang eines Vortrags etwas Negatives stehen. Sie stehen als Rednerin oder Redner für ein bestimmtes Thema vor Ihrem Publikum und dazu werden weiterführende Ausführungen von Ihnen erwartet. Die Zuhörer interessieren sich nicht dafür, dass Sie erkältet sind oder wenig Zeit hatten, sich vorzubereiten. Folgende Einleitungen sollten niemals vorkommen:

- Ich bin kein guter Redner!
- Ich bin nicht (gut) vorbereitet!
- Ich bin nicht vom Fach!

Übung: Passende Einstiegsmöglichkeiten

Stellen Sie sich sechs Redesituationen vor, bei denen Sie als Redner in Frage kommen könnten. Überlegen Sie genau, mit was für einem Publikum Sie es zu tun haben würden und versuchen Sie, jeweils drei passende Einstiegsmöglichkeiten zu finden.

Übungsziel: Die Übung beweist, dass es bei jedem Vortrag sehr unterschiedliche Möglichkeiten zum Einstieg gibt.

2.3.2 Die Kerngedanken gehören in den Hauptteil

Der Hauptteil ist das Kernstück eines jeden Vortrags. Bei Sachvorträgen und Präsentationen werden Informationen, Meinungen, Argumente und Gegenargumente, Beweise, Beispiele, Vergleiche dargelegt. Probleme werden aufgezeigt und Lösungen entwickelt. Das Anliegen wird klar und deutlich aufgezeigt und auf das Redeziel hingeführt.

Die weitere Untergliederung des Hauptteils kann nach logischen oder psychologischen Gesichtspunkten erfolgen. Die logische Gliederung stellt mehr auf die sachlichen Aspekte ab, während die psychologische Gliederung mehr auf Spannung und Emotion ausgerichtet ist. Ihrer Fantasie sind bei der Gliederung keine Grenzen gesetzt.

Wichtig:

Die Aufmerksamkeit der Zuhörer ist Ihnen sicher, wenn diese eine bestimmte Ordnung in Ihren Gedanken erkennen und der Aufbau zusätzlich spannungssteigernd gestaltet wird.

Die folgenden Gliederungsvarianten werden in der Redepraxis besonders häufig verwendet:

- Gestern – heute – morgen (Vergangenheit – Gegenwart – Zukunft)
- Zielsetzung – Planung – Durchführung – Kontrolle
- Vom Einzelnen zum Ganzen (oder umgekehrt)
- Vom Einfachen zum Schwierigen

- Vom Allgemeinen zum Besonderen
- Ursache – Wirkung – Lösung
- Ist – Soll – Analyse
- Pro – Contra – Fazit
- Problem – Ursachen – Lösungsmöglichkeiten – Entscheid
- Vom Beginn bis heute

Redeformeln

Unter der Bezeichnung Redeformel wurden im Laufe der Zeit zahlreiche Standardgliederungen entwickelt. Bekannt ist die Fünf-Punkte-Formel (auch Fünf-Schritte-Formel). Die Fünf-Punkte Formel eignet sich besonders dann, wenn Sie spontan sprechen müssen. In der Literatur und in Rhetorik-Seminaren wird die Fünf-Punkte-Formel in verschiedenen Ausprägungen vorgestellt. Wir haben mit der folgenden Variante gute Erfahrungen gemacht:

Fünf-Punkte-Formel/Fünf-Schritte-Formel

1. Interesse wecken
2. Sagen, worum es geht
3. Begründen und Beispiele bringen
4. Fazit
5. Auffordern zum Handeln

Die beiden ersten Punkte entsprechen der Einleitung. Der Redner muss zunächst die Aufmerksamkeit der Zuhörer wecken und erläutert anschließend, worum es in den folgenden Ausführungen geht. Das Redeziel, die Meinung oder der Standpunkt des Redners werden genannt und verdeutlicht. Punkt 3 „Begründen und Beispiele bringen" entspricht dem Hauptteil. Hier wird die genannte Meinung begründet und mit Beispielen untermauert. Auf diesen Punkt entfällt der größte Anteil der Redezeit. Die Gründe und Beispiele werden entweder nacheinander aufgezählt und behandelt oder der Punkt kann zusätzlich nach einem der zuvor dargestellten Gliederungsmuster strukturiert werden. Nach dem Fazit (Punkt 4) bildet ein Appell (Punkt 5) den Abschluss.

Beispiel zur 5-Punkte-Formel: Ein Bewohner einer stark befahrenen Wohnstraße appelliert auf einer Versammlung der Anlieger für eine Umwandlung in eine Spielstraße

Interesse wecken: *„Meine Damen und Herren, allein im letzten halben Jahr hat es in der Blumenstraße vier Unfälle gegeben.…"*

Sagen, worum es geht: *„Der Verkehr in unserer Straße muss eingeschränkt werden …"*

Begründungen:

- Viele Autos und Motorräder fahren zu schnell
- die Straße ist an zwei Stellen sehr unübersichtlich
- unter den Anwohnern gibt es zahlreiche junge Familien mit Kindern
- weitere Gründe und Beispiele

Fazit: *„Eine Lösung sehe ich nur in einer Temporeduzierung durch Umwandlung in eine Spielstraße …"*

Aufforderung zum Handeln: *„Meine Damen und Herren, sehen Sie nicht mehr länger zu, unterstützen Sie eine Unterschriftenaktion"!*

Die **Problemlösungsformel** ist eine Weiterentwicklung der Fünf-Punkte-Formel. Sie eignet sich dann, wenn für ein vorliegendes Problem unterschiedliche Lösungsmöglichkeiten zur Verfügung stehen. Im Rhetorik-Seminar fühlten sich vor allem Teilnehmer aus technischen und naturwissenschaftlichen Berufen von dieser Möglichkeit besonders angesprochen.

Problemlösungsformel

1. Interesse wecken
2. Problem darlegen
3. Ziel, um das Problem zu lösen
4. Lösungsvorschläge und deren Bewertung
5. Entscheid für eine Lösungsvariante
6. Aufforderung zum Handeln

Die beiden ersten Punkte decken sich mit der Fünf-Punkte-Formel. In Punkt 3 wird ein eindeutiges Ziel formuliert, um das in Punkt 2 genannte Problem zu lösen. Im vierten Gliederungspunkt werden unterschiedliche Lösungsvorschläge vorgestellt und hinsichtlich ihrer Vor- und Nachteile untersucht und bewertet. Dabei bildet das in Punkt 3 genannte Ziel den Orientierungsmaßstab. Die Entscheidung für die beste Lösungsvariante erfolgt in Punkt 5. Den Abschluss bildet wieder der übliche Appell.

Beispiel zur Problemlösungsformel: In einem Unternehmen sind die Umsätze stark zurückgegangen; ein Mitglied der Geschäftsleitung spricht zu den Mitarbeitern.

Interesse wecken: *„Liebe Kolleginnen und Kollegen, ab sofort wird jeder von uns weniger Geld in der Tasche haben".*

Problem darlegen: *„Der Umsatz im letzten Halbjahr ist stark zurückgegangen".*

Ziel, um das Problem zu lösen: *„Wir müssen zunächst alle Anstrengungen darauf richten, das alte Umsatzniveau wieder zu erreichen".*

Lösungsvorschläge und deren Bewertung: *Folgende Möglichkeiten stehen uns zur Verfügung:*

a) Preissteigerungen; Vor- und Nachteile
b) Qualitätsverbesserungen; Vor- und Nachteile
c) Neue Werbekonzeption; Vor- und Nachteile

Entscheidung für eine Lösungsvariante: *„Ich bin der Meinung, wir sollten den Vorschlag c als ersten verwirklichen und eine neue Werbekonzeption entwickeln".*

Aufforderung zum Handeln: *„Liebe Mitarbeiter, beginnen Sie sofort damit. Machen Sie sich Gedanken, wie ein neues Werbekonzept aussehen könnte."*

Auch die **Pro-und-Contra-Formel** ist eine Weiterentwicklung der 5-Punkte-Formel. Der Name lässt schon das verwendete Argumentationsmuster erkennen: Pro und Contra, allerdings in umgekehrter Reihenfolge. Diese Formel kann immer eingesetzt werden, wenn zwei konträre Positionen einander gegenüberstehen.

Pro-und-Contra-Formel

1. Interesse wecken
2. Problem definieren
3. Gegenposition darstellen
4. Hauptargumente der Gegenseite entkräften

5. Eigene Position formulieren
6. Eigene Position überzeugend begründen
7. Fazit (Folgerungen ziehen)
8. Aufforderung zum Handeln

Auch hier entsprechen die beiden ersten Punkte der Fünf-Punkte-Formel. Als nächstes wird die Meinung der Gegenseite dargestellt (Punkt 3) und versucht, deren Hauptargumente zu entkräften (Punkt 4). Erst danach folgt in Punkt 5 die eigene Meinung. Diese wird in Punkt 6 ausführlich und überzeugend mit Argumenten untermauert. Das Fazit in Punkt 7 fällt natürlich zu Gunsten der eigenen Position aus. Den Abschluss bildet wiederum der bereits bekannte Appell.

Die Pro-und-Contra-Formel enthält in stärkerem Maß als die beiden ersten Redeformeln taktische Elemente. Durch die Darstellung der Meinung der Gegenseite wird dem Zuhörer der Eindruck einer gewissen Fairness vermittelt. Durch die gewählte Reihenfolge wird die eigene Meinung nach der Gegenmeinung erläutert. Was aber zuletzt gesagt wird, bleibt besser haften.

2.3.3 Überzeugen durch einen starken Schluss

Die Bedeutung eines guten Schlusses wird von vielen Rednern unterschätzt. Ein treffender Schluss ist aber ebenso wichtig wie ein mitreißender Anfang. Die überzeugendsten Argumente verlieren an Wirkung, wenn der Redner mit der Bemerkung schließt: *„Das war's"*. Auch etwas ausführlichere Formulierungen *„Das wollte ich Ihnen zu diesem Thema sagen"* oder *„Das sind meine Gedanken zu diesem Thema"* sind zu wenig. Ebenso schwach sind floskelhafte Dankesformeln für das Kommen des Publikums und die Bereitschaft, so lange auszuhalten.

Der überzeugende Redner ist nochmals zu einer Steigerung fähig. Mit dem Einstieg haben Sie Ihr Publikum eingestimmt und erreicht, dass es Ihnen zuhört. Mit dem Schluss bringen Sie Ihre Botschaft auf den Punkt und stellen sicher, dass Ihre Zuhörer etwas aus dem Vortrag mitnehmen. Was die Zuhörer zuletzt hören, wirkt am längsten nach. An der Qualität des Schlusses bemisst sich auch der Beifall.

Wichtig:

Für jeden Vortrag und jede Präsentation gilt das bekannte Sprichwort: Der erste Eindruck ist entscheidend und der letzte bleibt.

Rechtzeitig aufhören

Martin Luther hat schon gesagt: *„Eines guten Redners Amt oder Zeichen ist, daß er aufhöre, wenn man ihn am liebsten höret"*. Der Volksmund drückt sich knapper aus: *„In der Kürze liegt die Würze!"* Leider wird gegen diese Empfehlungen besonders häufig verstoßen. Insbesondere ein Redner, der sich in einem Thema sehr gut auskennt, glaubt, auch noch die letzte Einzelheit aufzählen zu müssen. Er nimmt die Schlussbemerkung oft zum Anlass, um nochmals Informationen, Gründe oder Beispiele nachzuschieben. Das hätte aber im Hauptteil geschehen müssen. Selbst, wenn Ihnen noch ein völlig neuer Gedanke kommt, verzichten Sie darauf, denn alles, was jetzt noch gesagt wird, entwertet die bisherigen Ausführungen.

Rechtzeitig aufhören

Wie lange soll ein Vortrag überhaupt dauern? Eine optimale Redezeit gibt es nicht. Falls Ihnen die Redezeit nicht vorgegeben wird, dann orientieren Sie sich an dem Grundsatz „So kurz wie möglich". Bei Informationsvorträgen sollten Sie darauf achten, dass Sie Ihre

Zuhörer nicht überfordern, denn bereits nach 15 Minuten lässt die Aufmerksamkeit deutlich nach. Bei einer Vortragsdauer von über 45 Minuten sollten Sie eine Pause einplanen oder die Zuhörer in anderer Weise aktivieren (z.B. eine kurze Fragerunde oder eine Gruppenübung).

Je stärker Sie die Gefühle Ihres Publikums ansprechen, umso weniger wird die Zeit als Problem empfunden. Achten Sie auf jeden Fall darauf, dass Sie die angekündigte Redezeit nicht überschreiten, denn viele Zuhörer haben sich innerlich auf diese Zeit eingerichtet.

Wesentlich besser, als die Redezeit zu überschreiten, ist es, wenn Sie etwas früher aufhören als vorgesehen. Ihr Publikum ist Ihnen dankbar, wenn Ihre Präsentation, für die 45 Minuten vorgesehen sind, schon nach 40 Minuten endet.

Wichtig:

Wenn die Zuhörer merken, dass der Redner den Schluss ansteuert, steigt die Aufmerksamkeit nochmals. Nutzen Sie diesen Effekt und sprechen Sie den wohlüberlegten Schluss auch aus!

Sieben Möglichkeiten für einen überzeugenden Schluss

Wie schon beim Einstieg gibt es viele Möglichkeiten, den Schluss zu gestalten. Häufig werden die hier einzeln dargestellten Varianten miteinander kombiniert (z.B. eine Zusammenfassung der Kernaussagen in Thesen und ein Appell).

Ein Appell wird ausgesprochen

Der Appell ist vor allem bei Überzeugungsvorträgen eine der am häufigsten benutzten Möglichkeiten. Bei vielen Redeformeln (z.B. bei der Fünf-Punkte-Formel) ist er von vornherein als letzter Punkt vorgesehen. Der Schlussappell ist dann besonders wirkungsvoll, wenn er um ein Fazit ergänzt wird.

Wichtig:

Formulieren Sie den Appell in kurzen Sätzen; vermeiden Sie Nebensätze und unnötige Einschränkungen. Sprechen Sie den Appell möglichst so aus, dass die Zuhörer im Sinne Ihres Redeziels aktiv werden.

Beispiele:
- *„Meine Damen und Herren, das Fazit unserer Überlegungen kann nur lauten: Mehr Kundenorientierung! Ich appelliere an Sie, fangen Sie noch heute damit an!"*
- Der Politiker auf Wahlreise: *„Deshalb wählen Sie am kommenden Sonntag die XY-Partei!"*
- Nicht: *„Meine Damen und Herren, ich würde Ihnen deshalb raten, durch eine Änderung der Fahrweise Benzinkosten zu sparen".*
  Sondern: *„Meine Damen und Herren, sparen Sie Benzinkosten! Ändern Sie ab sofort Ihre Fahrweise!"*

Zusammenfassung der Kernaussagen in Thesen

Fassen Sie die Kernaussagen Ihres Vortrags nochmals schlagwortartig zusammen. Eventuell kann auch das wichtigste Gegenargument einschließlich Ihrer Widerlegung genannt werden. Begrenzen Sie die Zusammenfassung auf maximal drei bis vier Kerngedanken. Die Zusammenfassung stellt eine Wiederholung dar, wodurch das Behalten unterstützt wird. Eine Folie kann eine solche Zusammenfassung wirkungsvoll ergänzen.

Beispiele:
- *„Meine Damen und Herren, ich wiederhole nochmals die drei wichtigsten Argumente. Erstens:...; zweitens:...; drittens:... Das Hauptargument unserer Gegner trifft nicht zu, weil...!"*
- *„Meine Damen und Herren, an den folgenden vier Punkten kommen wir nicht vorbei:..."*

Eine kleine Geschichte oder ein Zitat werden vorgetragen

Durch eine Geschichte oder ein treffendes Zitat wird beim Publikum ein Bild erzeugt, das zum besseren Behalten beiträgt. Den idealen Schluss haben Sie gefunden, wenn dieses Zitat auch gleichzeitig Appellcharakter hat.

Beispiel: Ein Vortrag über die mangelhafte Allgemeinbildung deutscher Studenten wurde mit folgender Geschichte beendet: Ein Kultusminister und ein Schulrat haben in einem Gymnasium am Unterricht teilgenommen. *„Was kannst du vom ‚Zerbrochenen Krug' erzählen"* wird ein Schüler vom Schulrat gefragt. Der Schüler steht zitternd auf *„Ich war's nicht."* Der Schulrat blickt den Lehrer an, der sich rechtfertigt. „Herr Schulrat, der Meier lügt nicht. Wenn er sagt, dass er es nicht war, dann stimmt das." Der Schulrat wird blass. Der Schulleiter zieht ihn in eine Ecke, einen Schein aus der Geldbörse und sagt: „Herr Schulrat, ich will mir den Ruf meiner Schule nicht verderben lassen. Bitte nehmen Sie das Geld und lassen Sie die Sache auf sich beruhen." Nach dem Verlassen der Schule meint der Minister zum Schulrat: „Derjenige, der Ihnen das Geld geben wollte, der war es wohl."

Denkanstöße werden gegeben

Durch einen Denkanstoß lenken Sie die Gedanken des Publikums nochmals ausdrücklich auf Ihr Anliegen.

Beispiel: *„Meine Damen und Herren, denken Sie einmal darüber nach, was es für uns alle bedeutet, wenn das Waldsterben in diesem Ausmaß weitergeht!"*

Der Anfang wird nochmals aufgegriffen

Mit dem Rückgriff auf den Einstieg zeigen Sie, dass Sie die eingangs geweckten Erwartungen erfüllt haben. Gleichzeitig stellen Sie den Bogen von der Eingangsbemerkung zum Schluss her.

Beispiel: *„Meine Damen und Herren, eingangs haben wir uns die Frage gestellt, ob wir nicht alle zu viel Fett essen. Sie haben nun erfahren, wo die verborgenen Fettquellen in unserer Nahrung liegen. Ziehen Sie bereits beim folgenden Mittagsmahl die Konsequenzen!"*

Ausblick auf das weitere Vorgehen

Wenn neue Konzepte, Verfahren, Lösungen vorgestellt werden, dann schließen viele Redner mit der Forderung, dass etwas geschehen muss. Gehen Sie einen Schritt weiter und skizzieren Sie zum Abschluss, wie weiter vorzugehen ist. Oder legen Sie fest, wer welche Aufgaben übernimmt.

Beispiel: *„Liebe Kolleginnen und Kollegen, wir sind uns einig, dass unsere Auslieferung effektiver arbeiten muss. Ich schlage vor, wir bilden jetzt gleich einen Arbeitskreis, der uns bis zu unserem nächsten Treffen erste Vorschläge erarbeitet."*

Alternativen werden aufgezeigt (Entweder-oder-Formel)

Dies ist eine taktische Variante. Hierbei wird die vom Redner vertretene Lösung der von der Mehrheit der Zuhörer abgelehnten Alternative gegenübergestellt.

Beispiel: *„Meine Damen und Herren, es bleibt uns nur noch die Wahl zwischen Rationalisierung oder Outsourcing. Entweder es gelingt uns, die Kosten unserer Auslieferung kurzfristig um mindestens 7% zu senken oder wir müssen den gesamten Bereich an die Vertriebs-GmbH übertragen."*

2.3.4 Statement und Kurzbeitrag

Für Kurzvorträge, Stellungnahmen oder Diskussionsbeiträge, die nur eine Hauptaussage beinhalten, hat sich die Bezeichnung Statement durchgesetzt.

Kurz und bündig

Überlegen Sie sich auch beim Statement zunächst eine Gliederung Ihrer Gedanken. Damit stellen Sie sicher, dass nichts Wesentliches vergessen und das Publikum nicht mit Nebensächlichkeiten traktiert wird. Ohne Gliederung leidet nicht nur die Verständlichkeit, sondern auch die Überzeugungskraft.

Auch beim Statement gilt die klassische Dreigliederung in Einleitung, Hauptteil und Schluss. Allerdings kommt es wegen der Kürze beim Statement darauf an, dass Sie schnell zur Sache kommen. Für einen weitschweifigen Vorspann bleibt in der Regel kein Platz. Vielmehr geht es darum, schon mit der Einleitung den eigenen Standpunkt, die Kernaussage anzusprechen, dieser Standpunkt wird im anschließenden Hauptteil begründet und abgesichert.

Dabei sollten maximal drei Argumente eingesetzt werden. Wählen Sie von ihren Argumenten diejenigen aus, die Ihnen für den jeweiligen Zuhörerkreis besonders geeignet erscheinen. Durch ein Beispiel kann die Argumentation zusätzlich untermauert werden. Argumente und Beispiele werden abschließend durch ein Fazit nochmals bekräftigt. Das Fazit kann auch als Appell formuliert werden

Orientieren Sie sich auch beim Statement an einer der schon dargestellten Gliederungshilfen. Ein brauchbares Gerüst für den Gedankenaufbau ist die Fünf-Punkte-Formel. Wer die fünf Gliederungspunkte auswendig weiß, kann seine Meinungsäußerung wirksam und übersichtlich aufbauen.

Drei-Fragen-Konzept

Wenn Ihnen spontan keine Gliederung einfallen sollte, dann nutzen Sie die „Drei-Fragen-Methode". Bei Überzeugungsvorträgen genügt es zumeist, wenn Sie auf ein, zwei Aspekte aus der vorherigen Situation eingehen, Ihr eigenes Fazit ziehen und mit einem Appell schließen. Wenn Sie für ein Projekt verantwortlich sind oder sich zumindest mit dem Problem befassen, dann dürfte es Ihnen nicht schwer fallen, spontan einige Fragen zu diesem Thema zu formulieren. Durch diese Fragen regen Sie das eigene Denken an und geben gleichzeitig dem Publikum eine grobe Gliederung vor.

Beispiel: Für ein nicht näher definiertes Projekt X könnten die Fragen lauten:

- Wie ist der derzeitige Stand des Projekts?
- Welche Schwierigkeiten hat es bisher gegeben?
- Wie sehen die nächsten Schritte aus?

Sie beginnen also damit, dass Sie zunächst die drei Fragen an das Publikum richten und anschließend eine Frage nach der anderen aufgreifen und beantworten. Ihr Kurzvortrag endet mit einer Zusammenfassung der wichtigsten Aussagen oder einer nochmaligen Wiederholung des Themas.

Stegreifrede

Das Statement muss häufig als Stegreifrede, also ohne längere Vorbereitung gehalten werden. Wenn Sie einer Stegreifrede nicht ausweichen können, dann verstecken Sie sich nicht hinter nichtssagenden Floskeln (*„Es fällt mir schwer", „Ich bin nicht vorbereitet")*. Solche Formulierungen werden nur als schwache Ausrede empfunden und interessieren jetzt niemanden mehr. Gehen Sie selbstbewusst an die Aufgabe heran und bringen Sie das Unvermeidliche in knapper Form hinter sich.

Überlegen Sie zunächst das Redeziel (überzeugen, informieren oder würdigen/unterhalten). Knüpfen Sie bei Gelegenheitsreden zum Einstieg an den Vorredner an oder sprechen Sie den Anlass der Veranstaltung an. Bei Sachvorträgen genügt es im Allgemeinen, wenn Sie auf ein, zwei Aspekte aus der vorherigen Situation eingehen, Ihr eigenes Fazit ziehen und mit einem Appell schließen.

Beginnen Sie nicht zu schnell mit dem Sprechen. Versuchen Sie, noch einen Augenblick Zeit zu gewinnen, damit Sie sich die Namen der anzusprechenden Personen und zumindest ein paar Gedanken notieren können, die Ihnen spontan einfallen. Eine solche Notiz ermöglicht es, Ordnung in die vorzutragenden Gedanken zu bringen und beruhigt, denn Sie stehen nicht ohne jegliche Hilfe vor Ihrem Publikum. Auch wenn Sie Ihren Notizzettel nur in der Tasche stecken haben, vermittelt er doch Sicherheit. Sie wissen, dass Sie im Notfall darauf zurückgreifen können, selbst wenn es sich nur um ein Mini-Manuskript handelt.

Genau genommen ist jeder Wortbeitrag im Gespräch oder in einer Diskussion eine kleine Stegreifrede. Aber diese Situation wird anders empfunden, als wenn eine freie Rede vor einer Gruppe gehalten werden muss.

Übung: Miniatur-Stegreifrede

Halten Sie Kurzvorträge von ein bis zwei Minuten Dauer über Gegenstände des täglichen Lebens (z.B. Buch, Armbanduhr, Fahrrad, Computer usw.) oder lesen Sie einen Beitrag aus Ihrer Tageszeitung und fassen diesen anschließend zu einem Kurzbeitrag zusammen.

Übungsziel: Durch diese und die folgenden Übungen lernen Sie, spontan zu formulieren, und verbessern Ihre Fähigkeit, frei zu sprechen. Kontrollieren Sie sich jeweils durch Tonaufzeichnungen.

Übung: Stegreifrede zu bekannten Themen

Überlegen Sie sich einige Themen, die Sie gut beherrschen bzw. mit denen Sie sich in der Vergangenheit schon einmal befasst haben. Versuchen Sie, ein bis zwei Minuten lang zu diesem Themen zu sprechen

Übung: Stegreifrede zu einfachen Vorgängen

Formulieren Sie einfache Themen entsprechend der nachfolgenden Beispiele und versuchen Sie mindestens zwei Minuten lang eine Stegreifrede darüber zu halten.

Themenbeispiele:

- Besuch im Hallenbad
- Sonntagsspaziergang
- Feierabend
- Einkaufsbummel

Ergänzen Sie die folgenden Satzanfänge und vervollständigen Sie sie zu einer kleinen Geschichte. Dauer mindestens zwei Minuten.

- Durch die zweistündige Zugverspätung hatte ich einige Probleme.....
- Ich bin für/gegen ein Tempolimit auf Autobahnen, weil .....
- Meine/unsere Urlaubsplanung sieht wie folgt aus .....
- Ich esse nur noch Obst aus der Region .....

Übung: Was würde ich selbst sagen?

Überlegen Sie sich bei Präsentationen und Vorträgen, an denen Sie teilnehmen, was Sie selbst zu diesem Thema sagen würden, wenn Sie plötzlich zum Sprechen aufgefordert würden. Sie werden feststellen, dass sehr schnell verwertbare Ideen kommen.

2.3.5 Gelegenheitsreden

Der Inhalt dieses Buches bezieht sich auf Vorträge und Präsentationen. Aber weder im beruflichen noch im privaten Bereich kann völlig ausgeschlossen werden, dass Sie auch einmal zur Übernahme einer Gelegenheitsrede (Anlassrede) aufgefordert werden. Auf den folgenden Seiten werden einige Hilfen zur Gestaltung und Gliederung von Gelegenheitsreden vorgestellt.

Bei der Gelegenheitsrede wird vor allem das Gefühl des Publikums angesprochen. Der Redner versucht, das aufzugreifen und auszudrücken, was die Menschen bewegt. Gelegenheitsreden werden gehalten, um zu feiern, zu unterhalten und um Atmosphäre zu schaffen. Sie beziehen sich auf berufliche, gesellschaftliche oder private Anlässe, die durch den Redner hervorgehoben werden.

Leider wird aus der Gelegenheitsrede häufig eine „Verlegenheitsrede", die sich in einer Sammlung von Floskeln erschöpft. Im Buchhandel werden Sammlungen von Musterreden angeboten. Solche fertigen Reden können eine Orientierungshilfe sein, sie sollten aber nicht unverändert übernommen werden, da sie oft zu starr und unpersönlich wirken. Falls Sie eine Gelegenheitsrede halten müssen, dann kommen Sie beim Publikum wesentlich besser an, wenn Sie einen typischen anlassbezogenen Aspekt aufgreifen und um diesen Ihre eigene Rede bauen. Nachfolgend finden Sie deshalb keine ausformulierten Reden, sondern nur einige Mustergliederungen als Orientierungshilfe.

Wichtig:

Verstehen Sie die folgenden Gliederungsvorschläge als Anregung und nicht als Norm. Verwerfen oder ergänzen Sie einzelne Punkte, damit aus dem hier dargestellten Grundgerüst Ihr persönlicher, auf den speziellen Anlass zutreffender Beitrag wird.

Eine Gelegenheitsrede soll kurz sein. Wenige Minuten sind zumeist ausreichend. Die grundsätzliche Einteilung in Einleitung, Hauptteil und Schluss gilt auch für die Gelegenheitsrede. Die Einleitung und der Schluss werden situationsbezogen formuliert. Wegen der Fülle der Anlässe wird nochmals in Rahmenreden, Fest- und Geselligkeitsreden sowie Trauerreden unterschieden.

Rahmenrede

Die Rahmenrede bildet den formellen Rahmen bei einer Veranstaltung, in deren Mittelpunkt andere Reden und Kommunikationsformen (z.B. Fachvorträge, Präsentationen) oder künstlerische Darbietungen stehen. Zur Rahmenrede zählen die Eröffnung einer Veranstaltung, die Begrüßung und Einführung von Gästen, Referenten und Künstlern sowie der Abschluss, die Bedankung und Verabschiedung. Die folgenden Empfehlungen helfen Ihnen bei einer erfolgreichen Gestaltung von Rahmenreden:

- Die wichtigste Person ist der Vortragende und nicht der Rahmenredner.
- Sprechen Sie vorher ab, was Sie sagen möchten. Dabei können auch noch persönliche Daten erfragt werden.
- Keine übermäßigen Vorschusslorbeeren verteilen, sonst werden die Erwartungen der Teilnehmer zu hoch geschraubt und für den Redner wird es schwierig, diese zu erfüllen.
- Wenn der einzuführende Akteur kurzfristig durch einen anderen ersetzt werden muss, dann muss diese Information positiv formuliert werden.
- Falls Sie im Auditorium mit negativen Erwartungen rechnen, dann versuchen Sie, die Stimmung zu heben oder Vorurteile abzubauen.
- Wecken Sie beim Thema Neugier, ohne dem Redner vorzugreifen.
- Klären Sie rechtzeitig, ob die Anwesenden dem Redner vorgestellt werden müssen.
- Überlegen Sie auch, welche Angaben zum Ablauf der Veranstaltung erforderlich sind (Dauer, Pausen, Spielregeln hinsichtlich Fragen und Diskussion).

Beispiele: Veranstaltungseröffnung und Begrüßung eines Gastredners

- Allgemeine Begrüßung aller Veranstaltungsteilnehmer
- Prominente, Presse, wichtige Kollegen werden ausdrücklich begrüßt
- Falls erforderlich, letzte Regularien erledigen (z.B. nächster Termin, Rauchverbot, gemeinsames Essen, spätere Fahrt mit dem Bus zu Werk II usw.)

Damit sind die allgemeinen Formalitäten abgehandelt und Sie wenden sich dem Gast zu:

- Ausdrückliche Begrüßung des Gastredners
- Angaben zur Person des Gastes (unbedingt vorher erfragen, damit Sie korrekte Informationen weitergeben können)
- Keine überschüssigen Vorschusslorbeeren verteilen
- Vortragsthema nochmals wiederholen
- Keine persönliche Stellungnahme (kein Ko-Referat) zum Inhalt des Vortrags abgeben
- Den Gastredner bitten, mit seinen Ausführungen zu beginnen

Überleitung vom Vortrag zur Aussprache

- Anrede
- Dank an den Vortragenden
- Evtl. Kernaussage in einem Satz wiederholen (Vorsicht: kein Ko-Referat halten)
- Hinweis auf den Ablauf der Aussprache (z.B. Fragen werden zunächst gesammelt und dann nach Schwerpunkten beantwortet)
- Information, wer die Aussprache leiden wird (Redner, Moderator, Sie selbst)
- Aufforderung zur Fragestellung
- Für Notfälle als „Eisbrecher" eine eigene Startfrage vorbereiten

Fest- und Geselligkeitsreden

Mit der Bezeichnung Festrede sind die großen Ansprachen gemeint, die bei festlichen Gelegenheiten wie Jubiläen, Hochzeiten oder runden Geburtstagen gehalten werden. Die Festrede soll die feierliche Stimmung des Tages ausdrücken, ohne dass sie zum steifen (unpersönlichen) Ritual verkommt. Von der Festrede ist der Festvortrag zu unterscheiden, der im Rahmen einer Festveranstaltung (z.B. Firmenjubiläum, Verabschiedung) gehalten werden kann. Der Festvortrag ist in aller Regel ein Sachvortrag.

Der Übergang von der Festrede zur Geselligkeitsrede ist fließend, teilweise handelt es sich um dieselben Anlässe. Zur Geselligkeitsrede zählen die vielen kleinen Reden, die bei betrieblichen Veranstaltungen (Betriebs- oder Abteilungsfeier, Mitarbeiterjubiläum, Betriebsausflug) oder im privaten Bereich (Tischrede, Trinkspruch, Hochzeit, Geburtstag usw.) gehalten werden.

Beispiele: Festrede beim Firmenjubiläum
- Begrüßung aller Anwesenden
- Begrüßung des Inhabers/Gründers
- Auf den Anlass der Feier eingehen
- Kurzer Rückblick auf wesentliche Ereignisse in der Unternehmensgeschichte (z.B. Entwicklung der Mitarbeiterzahl; Aufnahme der neuen Produktschiene; Filialgründung; Umwandlung in eine Kapitalgesellschaft usw.)
- In den Rückblick auch ausgefallene Vorkommnisse aufnehmen (z.B. Besuch der Delegation aus China)
- Glückwünsche
- Evtl. Ausblick

Tischrede
- Anrede und Begrüßung
- Anlass
- Evtl. Ehrung/Auszeichnung
- Wünsche
- Hoffnungen
- Trinkspruch (Toast)
- Dank
- Appell

Gesellschaftsrede
- Allgemeine Begrüßung
- Begrüßung besonderer Gäste
- Je nach Anlass: Dank fürs Kommen (für die Einladung)
- Auf den Anlass eingehen
- Blick zurück
- Blick nach vorn
- Wünsche/Hoffnungen

Mitarbeiterjubiläum
- Begrüßung aller Anwesenden
- Begrüßung des Jubilars
- Anlass der Rede
- Einige markante Punkte aus dem Lebenslauf des Jubilars erwähnen
- Einige positive Eigenschaften hervorheben
- Evtl. ein persönliches Erlebnis einbringen, das für sein Wesen charakteristisch ist
- Rolle und Bedeutung im Unternehmen herausstellen
- Dank und gute Wünsche für die Zukunft.

Trauerrede

Die **Trauerrede** ist nur schwer in ein Schema zu pressen. Sie wird von einem Angehörigen, Freund, Kollegen oder Vorgesetzten des Verstorbenen gehalten und soll die persönlichen Gefühle des Redners in würdiger, aber schlichter Form zum Ausdruck bringen. Der Freund am Grab soll nicht den Pfarrer ersetzen. Deshalb wird die Trauerrede mit normaler Stimmlage gesprochen; der „pastorale" Tonfall bleibt dem Geistlichen überlassen.

Gliederungsvorschlag:

- Anrede (an die Angehörigen, nicht an den Verstorbenen richten)
- Eigene Betroffenheit bekunden
- Evtl. auf Todesursache und Begleitumstände eingehen
- Tröstende Worte an die Hinterbliebenen richten
- An den Verstorbenen erinnern (Wesenszug, wichtige Stationen im Leben des Verstorbenen, besondere Fähigkeiten oder ein gemeinsames Erlebnis)
- Verdienste aus dem privaten oder beruflichen Leben des Verstorbenen darstellen
- Schließen mit dem Versprechen, das Andenken in Ehren zu halten oder mit einem Bibelspruch oder Zitat.

Eine Lösung für alle Fälle

Die schon erwähnte Fünf-Punkte-Formel kann als Notlösung dienen, wenn Sie eine kleine Geselligkeitsrede aus dem Stegreif halten müssen. Sie ist sicherlich nicht die beste Lösung, aber sie bringt zumindest Ordnung in Ihre Ausführungen.

Leicht zu merken und universell einsetzbar für spontan zu haltende Fest- und Geselligkeitsreden ist auch die ABBA-Formel:

- **Anrede und Begrüßung:** Die Geehrten werden namentlich angesprochen, alle übrigen Anwesenden pauschal.
- **Begründung**: Warum findet das Fest statt? Was ist der Anlass?
- **Beschreibung:** Wichtige Lebensstationen des Jubilars, Geburtstagskindes, Braut- oder Elternpaares. Keine komplette Vita; wenige, markante Ereignisse oder überwiegend heitere Erlebnisse reichen aus.

- **Abschluss:** Gute Wünsche für die Zukunft aussprechen, evtl. verbunden mit einem Toast.

2.4 Vorbereitung der Redeunterlagen

Ein wichtiges, für den Redner selbst bestimmtes Hilfsmittel, sind die Redeunterlagen. Nur die wenigsten Redner sind in der Lage, einen Vortrag oder eine Präsentation völlig frei vorzutragen. Deshalb gehört auch das Stichwortmanuskript oder – in Ausnahmefällen – ein voll ausgearbeitetes Manuskript zur Vorbereitung.

2.4.1 Frei sprechen anhand von Stichwörtern

Ein überzeugender Vortrag oder eine überzeugende Präsentation sollte frei vorgetragen werden. Frei sprechen bedeutet nicht, einen Text auswendig zu lernen und vor dem Publikum aus dem Gedächtnis wiederzugeben. Frei sprechen bedeutet auch nicht, ohne jegliche Redeunterlagen aufzutreten. Frei sprechen bedeutet, die Gedanken anhand wohl überlegter und gegliederter Stichwörter frei und spontan zu formulieren. Anders ausgedrückt: Was Sie sagen möchten, haben Sie sich bei der Vorbereitung genau überlegt und festgehalten. Aber, von wenigen Ausnahmen abgesehen, nur in Stichwörtern und nicht als voll ausgearbeitetes Manuskript. Diese Form des Sprechens wird auch als Sprechdenken bezeichnet. Sie wird auch in Rhetorik-Seminaren trainiert. Das Sprechen nach Stichwörtern wirkt wesentlich überzeugender als ein voll ausgearbeitetes Manuskript.

Manche Teilnehmer im Rhetorik-Seminar mit wenig Redeerfahrung haben bei der Behandlung des Stichwortredens gefragt, ob nicht ein voll ausgearbeitetes Manuskript sicherer wäre. Beim voll ausgearbeiteten Manuskript stünde doch alles, so wie es vorgetragen werden soll, im Manuskript, so dass auch nichts vergessen würde. Solche Zweifel sind nicht berechtigt, denn auch bei einem Stichwortmanuskript vergessen Sie nichts. Auch hier sind alle Gedanken im Manuskript enthalten und stehen richtig gegliedert auf dem Stichwortkärtchen.

Wichtig:

Frei Sprechen anhand eines Stichwortmanuskripts ist die überzeugendste Form des freien Redens. Dabei werden die ausgesprochenen Sätze nicht abgelesen, sondern frei formuliert.

Das Stichwortreden führt zu einfacheren Formulierungen, die vom Publikum leichter verstanden werden, als die oft bis ins letzte ausgefeilten Sätze eines voll ausgearbeiteten Manuskripts. Die Bedeutung einer „einfachen" Sprache für die Verständlichkeit eines Vortrags wird in Kapitel 4 noch näher dargestellt.

Ein weiterer Vorteil des Redens nach Stichwörtern ist die große Flexibilität des Redners. Wenn z.B. die Gewichte aufgrund der Reaktionen im Publikum kurzfristig anders gesetzt werden müssen, dann ist diese Anpassung beim Stichwortreden viel leichter möglich als bei einem voll ausgearbeiteten Manuskript. Auch Fragen oder Zwischenbemerkungen der Zuhörer können besser beantwortet werden, ohne aus dem Konzept zu kommen. Die Redezeit kann bei Bedarf problemlos verkürzt werden, z.B. können Sie ein weniger wichtiges Stichwort überspringen, wenn Sie merken, dass dies nicht interessiert oder schon bekannt ist oder wenn wegen eines verspäteten Beginns die Redezeit plötzlich verkürzt werden muss.

Zum Festhalten der Stichwörter wurden zahlreiche Varianten entwickelt. Sie reichen vom verschämt in der Handmulde verborgenen Zettelchen in der Größe einer Visitenkarte, über Kärtchen im DIN-A5 oder DIN-A6-Format bis zum großformatigen Bogen. Vom Visitenkartenformat rate ich ab, denn es passt zu wenig auf das einzelne Kärtchen und die Stichwörter werden teilweise von der Hand verdeckt. Bewährt und von vielen Rhetorik-Trainern empfohlen, sind Stichwortkärtchen in Postkartengröße oder ähnlichem Format (z.B. Pinwandkarten). Sie sind ausreichend groß und können dennoch, wenn sie nicht benötigt werden, in die Jackentasche oder eine Handtasche gesteckt werden, ohne dass sie gefaltet werden müssen. Damit die Kärtchen nicht nach hinten wegklappen, sollten Sie einigermaßen festes, blendfreies Papier oder einen dünnen Karton verwenden.

Je Stichwortkärtchen nur ein oder zwei Hauptgedanken

Die folgenden Empfehlungen zur Gestaltung der Stichwortkärtchen haben sich in der Praxis bewährt. Sie stellen sicher, dass Sie alle genannten Vorteile des Stichwortredens nützen können und lassen dennoch genügend Spielraum für eigene Varianten.

Schreiben Sie nicht zu viel auf eine Stichwortkarte. Das erschwert das Ablesen und verhindert, dass nach Fertigstellung des Manuskripts noch etwas hinzugefügt werden kann. Übernehmen Sie auf ein Kärtchen nur ein oder zwei Hauptgedanken und zusätzlich die entsprechenden Untergedanken, dann bleibt noch genügend Raum für spätere Ergänzungen.

Schreiben Sie groß und deutlich. Diese Empfehlung mag banal klingen, aber zu voll geschriebene Kärtchen sowie eine schlechte und zu kleine Schrift sind nach meinen Erfahrungen zwei besonders häufig vorkommende Fehler. Im Rhetorik-Seminar haben die Teilnehmer die Bedeutung eines gut vorbereiteten Stichwortmanuskripts vielfach unterschätzt. Die Empfehlung wurde erst ernst genommen, nachdem es bei den Redeübungen zu Leseproblemen mit dem Manuskript gekommen war. Beim Vortrag kommt es darauf an, durch einen kurzen Blick ins Manuskript das nächste Stichwort zu erfassen und danach wieder den Blickkontakt zu den Zuhörern herzustellen. Das wird nur bei ausreichend großer und deutlicher Schrift möglich sein.

Es erleichtert die Handhabung, wenn Sie die Stichwortkarten nur einseitig beschriften. Durch Nummerierung der Kärtchen sorgen Sie für die notwendige Ordnung.

1. Hauptstichwort	Unterstichwort	**Seite**
	Unterstichwort	
	(Regieanweisung)	**Zeit**
2. Hauptstichwort	Unterstichwort	
	Unterstichwort	
	Unterstichwort	**Zeit**

Beispiel für ein Stichwortkärtchen

Das Papier für Ihr Redemanuskript sollte eine helle Farbe haben (weiß, gelb, beige). Dunkle Farben sind weniger geeignet wegen des zu geringen Kontrasts zwischen Manuskript und den in der Regel schwarzen Buchstaben.

Regieanweisungen aufnehmen

Jeder Redner ist auch gleichzeitig der Regisseur seines Vortrags. Durch Regieanweisungen stellen Sie sicher, dass Sie nichts von dem vergessen, woran Sie neben dem eigentlichen Vortragstext denken müssen. Der Begriff ist in diesem Zusammenhang im doppelten Sinne zu verstehen: Eine erste Gruppe von Regieanweisungen ergibt sich aus dem Inhalt Ihres Vortrags.

Beispiele:

- „Teilnehmer fragen". Durch diesen Hinweis werden Sie daran erinnert, dass Sie an dieser Stelle den Monolog unterbrechen wollen, um die Zuhörer nach deren eigenen Erfahrungen oder Meinungen fragen.
- „Tabelle verteilen". Es ist schade, wenn Sie mit viel Mühe eine Tabelle vorbereitet haben und im Eifer des Vortrags vergessen, diese zum richtigen Zeitpunkt zu verteilen. Die Vorbereitung war vergeblich und den Zuhörern wird eine wichtige Information vorenthalten.
- „Folie 4 auflegen". Folien oder andere vorbereitete Hilfsmittel werden durch einen entsprechenden Hinweis im Manuskript nicht vergessen.

Eine zweite Gruppe von Regieanweisungen richtet sich an die eigene Person; solche Hinweise helfen, eigene Fehler zu vermeiden und die rhetorischen Mittel richtig einzusetzen.

Beispiele:

- Durch Farbmarkierungen kennzeichnen Sie wichtige Gedanken, die Sie sprachlich hervorheben möchten (lauter, langsamer, Pause).
- Wer weiß, dass er unruhig steht, schreibt sich auf jeden Stichwortzettel (mit anderer Farbe als die übrigen Stichworte) den Hinweis „Ruhig stehen".

- Durch ein gemaltes Auge oder das Wort „Blick" erinnern Sie sich daran, den Blickkontakt nicht zu vergessen.
- Der Schnellsprecher wird sich durch den Hinweis „Langsam" an dieses Problem erinnern.

Durch derartige Regieanweisungen sind diese Schwierigkeiten nicht sofort behoben, aber sie werden mit jedem weiteren Redeauftritt (und auch bei jeder Redeübung) geringer. Im Rhetorik-Seminar konnten die meisten Teilnehmer durch die konsequente Anwendung dieser Methode bei wenigen Redeauftritten deutliche Verbesserungen erzielen.

Nehmen Sie nur positive Formulierungen auf, denn unser Gehirn kann die Worte „nicht" und „kein" nicht verarbeiten und reagiert so, als gäbe es diese Worte nicht. Wenn Sie in ihr Manuskript schreiben würden „nicht zu schnell sprechen", dann würde das Gehirn das Wörtchen „nicht" nicht wahrnehmen und Sie daran erinnern „schnell zu sprechen". Tatsächlich wollen Sie aber langsam sprechen, deswegen sollte im Manuskript auch positiv formuliert wie im Beispiel das Wort „langsam" stehen.

Wichtig:

Nehmen Sie nicht zu viele Regieanweisungen auf. Im Mittelpunkt Ihres Vortrags stehen Ihre Ausführungen zum Thema und nicht Ihre Person. Engen Sie sich nicht zu sehr ein durch Aufnahme zu vieler Hinweise an sich selbst.

Vermeiden Sie Hinweise auf einzelne Reaktionen, die Sie an einer ganz bestimmten Stelle Ihres Vortrags einbringen wollen (z.B. Faust ballen, lachen, Dr. Müller anschauen). Solche „geplanten" Reaktionen würden gekünstelt wirken.

Redezeit einhalten durch Zeithinweise

Der Erfolg eines Redners wird auch daran gemessen, wie gut es ihm gelingt, die vorgegebene Zeit einzuhalten. Der Vermerk von Zeithinweisen im Manuskript zählt ebenfalls zu den Regieanweisungen. Wenn Sie notieren, wo Sie nach 10, 20 oder 30 Minuten sein wollen, dann können Sie bei Abweichungen rechtzeitig gegensteuern. Wer jedoch bei einem einstündigen Fachvortrag nach 50 Minuten zum ersten Mal auf die Uhr sieht und feststellt, dass er gerade die Einleitung abschließt, der wird es in der vorgesehenen Zeit nicht mehr schaffen.

Namen, Zahlen und Zitate wörtlich aufschreiben

Keine Regel ohne Ausnahme. Vom Grundsatz, nur Stichworte in das Manuskript aufzunehmen, gibt es zwei wichtige Abweichungen:

- Schreiben Sie Namen, Zahlen und Zitate vollständig auf und
- notieren Sie den Anfangssatz wörtlich.

Die Gefahr, sich zu versprechen, ist geringer, wenn Sie Namen und Zahlen vollständig aufschreiben. Bei Zitaten kommt es zumeist auf die exakte Formulierung an. Beim Zitat im Fachvortrag verlangt dies die wissenschaftliche oder fachliche Korrektheit. Zitate, die inzwischen Allgemeingut geworden sind (aus der Literatur, Politik, Werbung usw.), sind in der Regel kurze, schlagkräftige Aussagen. Ihre Wirkung hängt auch davon ab, wie gut sie vorgetragen werden. Hier bietet die wörtliche Niederschrift die Möglichkeit, sich nochmals über den genauen Wortlaut zu vergewissern, um dann das Zitat mit Blickkontakt zum Zuhörer, ergänzt um die notwendige Gestik, auszusprechen.

Anfangssatz wörtlich aufnehmen

Die zweite Ausnahme von der Regel, nur Stichworte aufzunehmen, ist der Anfangssatz. Auf seine Bedeutung wurde schon an anderer Stelle hingewiesen. Schreiben Sie den Einstiegssatz wörtlich auf. Wörtlich aufschreiben muss nicht bedeuten, dass Sie den Satz auch wörtlich vorlesen. Allein das Wissen darüber, dass der Anfangssatz im Manuskript steht, reicht bei den meisten Rednern aus, ihn frei aussprechen zu können und die Anfangsspannung zu überwinden. Und wenn die Anfangsspannung wirklich einmal besonders groß sein sollte, dann lesen Sie den ersten Satz eben vor. Das ist zwar nur die zweitbeste Lösung, aber Sie überwinden die Anfangsbarriere und können sicherer fortfahren.

Stichwortkärtchen sind keine Spickzettel

Manche Trainer- und Autorenkollegen sprechen statt von Stichwortzettel von Spickzettel. Diese Bezeichnung ist falsch, denn sie vermittelt den Eindruck von etwas Illegalem. Wer erinnert sich nicht an den Spickzettel aus der Schulzeit, der nur heimlich benutzt werden konnte?

Wichtig:

Der Stichwortzettel ist ein legales, von allen akzeptiertes Hilfsmittel.

Warum sollen die Zuhörer nicht merken, dass Sie sich auf diesen Anlass vorbereitet haben? Sie machen Pluspunkte, wenn Ihre Zuhörer schon am Stichwortmanuskript erkennen, dass Sie Ihre Gedanken in überlegter, geordneter Form vortragen wollen.

Übungen zum Stichwortreden

Übung: Sprechdenken in zwei Stufen

Erste Stufe: Sprechen Sie eine Minute lang zu einem zufällig ausgewählten Substantiv. Legen Sie eine Stoppuhr neben sich und versuchen Sie, die Minute ohne Pause durchzuhalten. Wenn Ihnen nichts mehr einfällt, dann greifen Sie entweder zurück auf den Satz davor („*Wie ich eben schon sagte,....*") oder verwenden Sie einen Füllsatz („*Im Augenblick fällt mir nicht mehr zum Wort X ein*"). Lassen Sie sich die notwendigen Themenbegriffe von jemandem aufschreiben oder tippen Sie ohne hinzusehen in ein Buch oder eine Zeitung und verwenden Sie das am nächsten stehende Substantiv.

Zweite Stufe: Verwenden Sie zwei Substantive und verknüpfen Sie diese in Ihrem Kurzvortrag. Versuchen Sie wiederum, mindestens eine Minute ohne Pause durchzuhalten. Falls Sie keinen Lieferanten für die Themenbegriffe haben, nehmen Sie aus einem Buch von einer zufällig aufgeschlagenen Doppelseite von beiden Seiten jeweils das erste Substantiv.

Übungsziel: Training der beim Sprechdenken erforderlichen Fähigkeit, zum jeweils nächsten Stichwortwort quasi unvorbereitet etwas zu sagen.

Übung: Drei-Wörter-Übung

Diese Übung können Sie allein oder in der Gruppe durchführen.

Auf einen Stichwortzettel werden drei Hauptwörter notiert, aus denen spontan eine kleine Geschichte zu formulieren ist. Es kommt nicht darauf an, dass hochgeistige (wissenschaftliche) Geschichten erfunden werden. Es geht ausschließlich darum, beim Sprechen „durchzuhalten". Allerdings soll es eine kleine Geschichte sein und nicht nur ein einziger Satz. Die Reihenfolge, in der Sie die Ausgangsworte verwenden, spielt keine Rolle. Falls Ihre Geschichten zu kurz ausfallen, nehmen Sie fünf Wörter.
Wenn Sie alleine üben, sollten Sie sich durch Videoaufzeichnung oder Tonband überprüfen. Lassen Sie sich zuvor von jemandem Zettel mit jeweils drei (fünf) Wörtern schreiben oder verwenden Sie die folgenden Vorschläge:

Katze – Schreibtisch – Weintrauben
Anwalt – Hochhaus – Bindfaden
Schornsteinfeger – Kugelschreiber – Liebe
Lexikon – Papiertaschentuch – Urlaub
Sonderangebot – Rechtsanwalt – Sonnenuhr
Pfeife – Taschenlampe – Traum – Packpapier – Park
Handtuch – Holzschuhe – Temperament – Urlaub – Bleistift
Kochbuch – Konzert – Fahrkarte – Werbung – Freiheit
Filmstar – Braunkohle – Wahlkampf – Bierflasche – Werkstatt
Bauhütte – Fernglas – Weihnachten – Hochzeit – Politik

Wenn Sie in der Gruppe üben, dann ist es lustiger, wenn die Gruppe dem jeweiligen Redner drei oder fünf Worte zuruft. Dieser schreibt die Worte auf einen Zettel und beginnt unmittelbar danach mit seiner Geschichte. Achten Sie darauf, dass wirklich sofort begonnen wird; durch zu langes Nachdenken könnte eine Blockade entstehen.

Übungsziel: Auch mit dieser Übung können Sie das Sprechdenken trainieren; zusätzlich verschaffen Sie sich Sicherheit im Umgang mit einem Stichwortzettel.

Übung: Erzählen/berichten üben

Schreiben Sie sich einige Stichworte über alltägliche Geschehnisse auf Stichwortzettel und versuchen Sie, darüber in möglichst packender und anschaulicher Weise zu berichten. Lassen Sie sich durch Zuhörer kontrollieren oder zeichnen Sie Ihren Bericht auf.
Als Themen eignen sich

- berufliche Erlebnisse,
- der Verlauf einer Geschäftsreise,
- eine Situation im Straßenverkehr,
- eine Sportveranstaltung,

- ein Gasthausbesuch,
- ein Theaterbesuch.

Übungsziel: Verbesserung des Sprechdenkens und des Umgangs mit dem Stichwortmanuskript.

2.4.2 Redemanuskript als Mind-Map

Manche Redner benutzen als Stichwortmanuskript eine Mind-Map (Gehirnlandkarte). Sie kann bei der Vorbereitung und als Redemanuskript eingesetzt werden.

Die Mind-Map-Methode ist eine assoziative Vielzwecktechnik, die rasch zu Ergebnissen führt. Durch Mind-Mapping wird das bildlich-räumliche Denken aktiviert. Ausgehend von einem zentralen Begriff werden komplexe Themen vorstrukturiert. Wenn wir uns mit einem Problem beschäftigen, entwickelt unser Gehirn zumeist viele Lösungen, die jedoch nicht strukturiert sind und schnell wieder verloren gehen. Mind-Maps halten diese Lösungen in Schlüsselwörtern fest und ordnen sie gleichzeitig. Dabei werden die Möglichkeiten unseres Gehirns optimal genutzt, da die beiden unterschiedlichen Gehirnseiten in ständigem Wechsel herangezogen werden.

Das Grundmuster einer Mind-Map ist einfach: Ausgangspunkt ist das Thema in der Blattmitte. Von hier aus gehen Verzweigungen (sog. Äste) ab, die das Thema in einzelne Bereiche untergliedern und auffächern. Von den Ästen gehen wiederum Zweige und von diesen Nebenzweige ab. An den Ästen, Zweigen und Nebenzweigen werden die jeweiligen Gedanken durch Stichwörter (Schlüsselwörter) vermerkt. Bei den Schlüsselwörtern handelt es sich in der Regel um einfache Substantive, durch welche die Assoziation zu den Gedankenbildern hergestellt wird.

Die Mind-Map eignet sich vor allem für Redner, die ihr Thema sehr gut beherrschen und lediglich sicherstellen wollen, dass Sie nichts vergessen und eine bestimmte Reihenfolge einhalten. In solchen Fällen werden die einzelnen Äste gemäß der geplanten Reihenfolge nummeriert. Die Mind-Map-Methode befreit den Redner, ebenso wie die Stichwortkärtchen, aus der Abhängigkeit eines ausformulierten Manuskripts und zwingt ihn zu spontanen Formulierungen. Als Beispiel ist in der folgenden Abbildung die Gliederung des Abschnitts 4.2 Sprachliche Gestaltung als Mind-Map dargestellt.

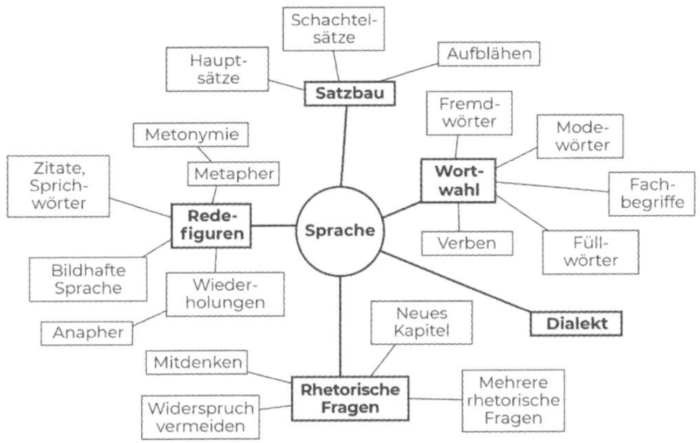

2.4.3 Voll ausformuliertes Manuskript

Es gibt Situationen, in denen ein Vortrag nach einem wörtlich ausgearbeiteten Manuskript gehalten werden muss. Das wird dann erforderlich sein, wenn es auf besonders genaue Formulierungen ankommt, wie z.B. bei wissenschaftlichen Vorträgen, bei Geschäfts- oder Rechenschaftsberichten oder bei bestimmten Themen der Politik. Ein voll ausgearbeitetes Manuskript kommt auch vor, wenn jemand den Vortrag eines anderen hält oder wenn ein Manuskript schon vorher eingereicht wurde und der Wortlaut eingehalten werden muss. Wer es sich leisten kann, Ghostwriter für sich arbeiten zu lassen, verfügt ebenfalls über ein voll ausgearbeitetes Manuskript. Beim Einsatz eines Ghostwriters denke ich nicht nur an unsere Spitzenpolitiker, bei denen das schon aus Zeitgründen erforderlich ist. Auch mancher Topmanager lässt sich seine Vorträge oder zumindest einzelne Teile von den Fachleuten für die jeweiligen Themen schreiben. Dennoch sollte das Vollmanuskript auf wenige Ausnahmen beschränkt bleiben.

Zeilenlänge nach Sinneinheiten wählen

Schreibstil vermeiden

Eine große Gefahr des wörtlich ausgearbeiteten Manuskripts liegt darin, dass die Rede wie ein geschriebener Text verfasst wird. Voll ausformulierte Reden wirken oft starr, weil die Lebendigkeit freier Formulierungen fehlt. Wenn Sie nicht unbedingt an den genauen Wortlaut des geschriebenen Textes gebunden sind, dann wandeln Sie den Schreibstil in Ihren Sprechstil um. Das ist sicherlich bei einem von einem Ghostwriter verfassten Manuskript möglich oder auch, wenn ein Team (z.B. eine Projektgruppe) einen Text gemeinsam entworfen hat, der von einem Teammitglied vorgetragen wird. Auch wenn Sie in Ausnahmefällen einmal eine fertige Rede übernehmen, sollten Sie den Text so umschreiben, dass er Ihrem persönlichen Sprachstil entspricht.

Übersichtlichkeit auch beim ausformulierten Manuskript

Wenn Manuskriptreden ausnahmsweise sein müssen, dann können folgende Empfehlungen für die Manuskriptgestaltung hilfreich sein:

- Wählen Sie die Zeilenlänge nach Sinneinheiten! Wir erfassen mit den Augen immer nur Satzteile, die eine Sinneinheit bilden. Nehmen Sie deshalb nur die Wörter in eine Zeile auf, die zusammenhängend als Einheit ausgesprochen werden. In der Praxis kommt leider das Gegenteil viel häufiger vor, weil wir von Jugend an gewohnt sind, die Zeilen bis ans Ende voll zu schreiben und vielleicht sogar noch einzelne Wörter zu trennen. Solche Manuskripte sind schwer zu lesen.

- Erleichtern Sie sich die Lesbarkeit zusätzlich durch einen großen Zeilenabstand.
- Die Lesbarkeit kann durch große Schrifttypen und die Verwendung von Groß- und Kleinbuchstaben verbessert werden. Benutzen Sie mindestens den doppelten Zeilenabstand; damit verringern Sie die Gefahr, in eine falsche Zeile zu rutschen.
- Verwenden Sie wie beim Stichwortmanuskript auch beim voll ausgearbeiteten Manuskript blendfreies Papier; beschreiben Sie die Blätter nur einseitig und nummerieren Sie die Seiten.
- Regieanweisungen können auch in eine Manuskriptrede aufgenommen werden. Lassen Sie einen ausreichend breiten Rand, dann können Sie Regieanweisungen seitlich notieren und deutlich vom eigentlichen Text trennen.

Auch beim Vortragen einer Manuskriptrede gilt es einiges zu beachten.

- Kontrollieren Sie auch hier nochmals vor Redebeginn die Reihenfolge der Blätter.
- Wenn möglich, legen Sie das Manuskript auf einem Pult oder Tisch ab.
- Heften Sie die Manuskriptseiten nicht zusammen, dann können Sie abgehandelte Seiten zur Seite schieben, statt sie umzublättern.

Wichtig:

Nutzen Sie die wichtigste Kontaktbrücke zu Publikum: Halten Sie auch bei einem voll ausformulierten Manuskript Blickkontakt.

Vorsicht vor auswendig vorgetragenen Reden

Auswendig gelernte Vorträge sollte es nicht geben. Sie wirken unnatürlich, weil es ihnen an Spontaneität und Überzeugungskraft fehlt. Der auswendig gelernte Text wird meistens mechanisch heruntergeleiert. Der Redner konzentriert sich voll darauf, nicht hängen zu bleiben, so dass kaum Möglichkeiten für Betonung, Redepausen oder andere sprechtechnische Mittel bleibt.

Wer einen auswendig gelernten Vortrag hält, ist außerdem viel zu eng an den gelernten Text gebunden. Mögliche Störungen wirken sich viel deutlicher aus, die Angst, hängen zu bleiben, ist wesentlich größer. Auch wenn jemand den Vortrag mehrfach zur Probe gehalten hat, ist er nicht dagegen gefeit, dass es durch eine technische Panne oder das Publikum zu Unterbrechungen kommen kann.

Das rhetorische Naturtalent

Es gibt Redner, welche die Fähigkeit haben, frei vor der Gruppe zu stehen und darauf los zu sprechen. Diese Naturtalente sind zu beneiden. Wer ein Thema gut beherrscht, der kann auch aus der Fülle seiner Gedanken einen Vortrag bestreiten. Das ist in aller Regel kein auswendig gelernter Vortrag, sondern er wird frei formuliert. Dabei orientiert sich der Redner an den im Gedächtnis verankerten Stichwörtern. Allerdings sollten auch diese Glücklichen sich der Gefahren bewusst sein, die mit einer Rede ohne Manuskript verbunden sind:

- Die Redezeit wird gerne überzogen. Besonders groß ist die Gefahr bei Diskussionsbeiträgen (Statements), wenn gute Argumente untergehen, weil sie zu weitschweifig dargeboten werden.
- Es ist nicht auszuschließen, dass wichtige Einzelheiten vergessen werden.
- Es kommt häufig zu Wiederholungen oder es werden jedes Mal mehr oder weniger die gleichen Gedanken vorgetragen.

Selbst wenn Sie glauben, sich Ihrer Sache völlig sicher zu sein, sollten Sie sich zumindest einige Stichwörter notieren. Sie befinden sich damit in guter Gesellschaft: *„Obwohl ich wahrscheinlich zwei Stunden lang improvisieren könnte, benutze ich immer ein Manuskript“ (Lee Iacocca).*

Checkliste: Inhaltliche Vorbereitung

Redeziel und Stoffsammlung

- Beginnen Sie so früh wie möglich mit der Vorbereitung.
- Verschaffen Sie sich Klarheit über das Redeziel. Prüfen Sie, vor wem Sie sprechen und was Sie mit dem Vortrag erreichen wollen.
- Halten Sie alle Spontanideen zum Thema sofort schriftlich fest.
- Sammeln Sie so viel Material wie möglich. Je umfangreicher Ihre Stoffsammlung ist, umso leichter können Sie bei Zwischenfragen und in einer anschließenden Aussprache antworten.
- Entscheiden Sie sich frühzeitig für eine erste Gliederung.
- Erarbeiten Sie zuerst den Hauptteil, danach die Einleitung und den Schluss.
- Erstellen Sie ein zuverlässiges (Stichwort-)Manuskript.
- Bereiten Sie auch Hilfsmittel vor und informieren Sie sich über das Umfeld.

Einleitung

- Ein gelungener Einstieg stellt den Kontakt mit dem Publikum her und lenkt die Aufmerksamkeit der Zuhörer auf das eigentliche Thema.
- Als Einstieg eignen sich Zuhörerkomplimente, die Betonung von Gemeinsamkeiten, eine Bedankung oder das Anknüpfen an einen Vorredner.
- Machen Sie Ihre Zuhörer neugierig durch einen humorigen Einstieg oder ein passendes Zitat, durch den Einsatz von Hilfsmitteln oder indem Sie eine Problemlösung versprechen.
- Einen sachlichen Einstieg erreichen Sie durch aktuelle Daten und Fakten, den Hinweis auf neuere Untersuchungen, Vergleiche oder einen Rückgriff in die Geschichte.
- Die rhetorische Frage ist eine bei allen Vortragsarten einsetzbare Einstiegsmöglichkeit, die das Denken der Zuhörer schnell zum Thema lenkt.
- Vermeiden Sie direkte Fragen oder stellen Sie sicher, dass die passende Antwort gegeben wird.
- Überprüfen Sie den gewählten Einstieg, ob er zum Publikum passt und ob er in einer passenden Relation zum restlichen Vortrag steht.
- Vermeiden Sie einen negativen Einstieg (z.B. eine Entschuldigung).

Hauptteil

- Der Hauptteil ist das Kernstück eines jeden Vortrags; das muss durch den Inhalt und den Umfang zum Ausdruck kommen.
- Untergliedern Sie den Hauptteil logisch und psychologisch überzeugend.
- Sichern Sie sich die Aufmerksamkeit des Publikums durch eine gute Gliederung und einen spannungssteigernden Aufbau.
- Verwenden Sie Redeformeln.

- Beachten Sie bei der Stoffauswahl, dass das Publikum nur begrenzt aufnahmefähig ist.
- Versuchen Sie die Sprache der Zuhörer zu benutzen.

Schluss

- Denken Sie daran: Der erste Eindruck ist entscheidend und der letzte bleibt.
- Stellen Sie durch einen starken Schluss sicher, dass die Zuhörer aus dem Vortrag etwas mitnehmen.
- Hören Sie rechtzeitig auf.
- Ein Überzeugungsvortrag endet zumeist mit einem Appell.
- Durch eine Wiederholung der Kernaussagen unterstützen Sie Ihre Zuhörer, sich Ihre Ausführungen zu merken.
- Auch eine kleine Geschichte oder ein Zitat tragen zum besseren Behalten bei.
- Kombinieren Sie verschiedene Schlussvarianten miteinander (z.B. ein Fazit mit einem Appell).

Redemanuskript

- Sprechen Sie frei anhand von Stichwörtern nach der Technik des Sprechdenkens.
- Orientieren Sie sich an vorher festgelegten Stichwörtern und formulieren Sie spontan.
- Nehmen Sie je Stichwortkärtchen nur ein oder zwei Hauptgedanken auf.
- Beschreiben Sie die Kärtchen nur einseitig.
- Schreiben Sie groß und deutlich.
- Nehmen Sie Regieanweisungen in Ihr Manuskript auf.
- Schreiben Sie Namen, Zahlen und Zitate wörtlich auf.
- Halten Sie Vorträge mit voll ausgearbeitetem Manuskript nur in Ausnahmefällen
- Vermeiden Sie bei Manuskriptreden den Schreibstil.
- Achten Sie auch bei einem Manuskriptvortrag darauf, dass Sie diesen vortragen und nicht vorlesen.
- Verwenden Sie große Schrifttypen und mindestens den doppelten Zeilenabstand.
- Lernen Sie Ihre Vorträge nicht auswendig. (Ausnahmen: Anfangssatz und Schluss).

3. Kapitel

Vorbereitung der visuellen Hilfsmittel

„*Ein Bild sagt mehr als tausend Worte*“ heißt es in einem bekannten Sprichwort. Je bildhafter eine Information vermittelt wird, umso besser wird sie von den Zuhörern verstanden und behalten. Zeitgemäß formuliert der Kollege Bernhard Denne „*Der Mensch denkt nicht in Times New Roman Schriftgröße 12, der Mensch denkt in Bildern*“.

Ein gutes Beispiel ist die Fernsehberichterstattung über Bundes- und Landtagswahlen. Schon wenige Minuten nach dem Schließen der Wahllokale bekommt der Fernsehzuschauer die erste Hochrechnung. Dabei werden nicht nur die reinen Zahlen genannt, sondern diese werden grafisch aufbereitet. In Säulen werden die erreichten Prozentsätze der Parteien dargestellt. Als Kreisdiagramm wird die vorläufige Sitzverteilung verdeutlicht. Auch die täglichen Nachrichtensendungen werden durch Bilder visuell unterstützt. Tageszeitungen oder Nachrichtenmagazine enthalten heute wesentlich mehr Grafiken und Bilder als noch vor Jahren.

Diese Vorreiterrolle der Medien hat zu einer Änderung des Zuhörerverhaltens geführt, wenn auch gelegentlich bereits über die tägliche Bilderflut geklagt wird. Berücksichtigen Sie den Wandel zur Visualisierung bei der Vorbereitung Ihrer Vorträge und Präsentationen.

3.1 Die Visualisierung hat viele Vorteile

Der Mensch behält wesentlich mehr, wenn mehrere Sinne gleichzeitig angesprochen werden. Die folgenden Erfahrungswerte zeigen, dass das reine Zuhören nur zu sehr begrenzten Erinnerungswerten führt.

Der Mensch behält etwa:

- 10% von dem was er liest,
- 20% von dem, was er hört,
- 30% von dem was er sieht,
- 50% von dem, was er hört und sieht,
- 70% von dem, worüber er spricht,
- 90% von dem, was er selbst ausführt.

Stellen Sie sich einmal vor, wie diese Zahlen verstanden würden, wenn diese in einem Vortrag lediglich verbal vorgetragen würden. Wie die folgende Abbildung zeigt, können Sie eine deutlich größere Wirkung erzielen, wenn Sie die Zahlenwerte bildhaft darstellen.

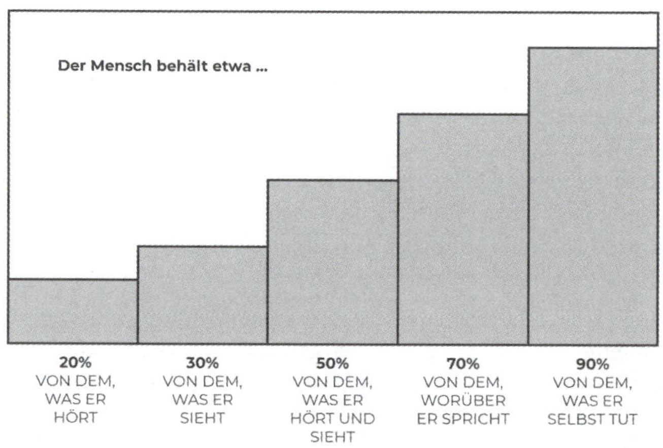

Durch Visualisierung werden beide Gehirnhälften angesprochen. Mit Wörtern wird die linke Hirnseite erreicht, während Bilder die rechte Hirnseite ansprechen. Dadurch wird das Verständnis erleichtert und das Behalten gefördert.

Wichtig:

Bei Präsentationen ist die Visualisierung ein fester Bestandteil. Bei Vorträgen sollten Sie immer prüfen, inwieweit Sie Ihre Ausführungen durch visuelle Unterstützung beim Zuhörer vertiefen können.

Größere Verständlichkeit und besseres Behalten sind nur zwei Vorteile der Visualisierung.

- Oft ist es auch wesentlich einfacher, komplizierte Zusammenhänge bildhaft darzustellen. Das kann auch zu einer Verkürzung der Redezeit beitragen.
- Bei längeren Ausführungen ist für die Zuhörer der „rote Faden?“ nicht immer zu erkennen. Durch die Visualisierung der Gliederung kann sich das Publikum jederzeit neu orientieren.
- In Diskussionen trägt die Visualisierung zur Versachlichung bei, weil Argument und Person getrennt werden.
- Durch visuelle Unterstützung wichtiger Gedanken können Sie die Aufmerksamkeit des Publikums sicherstellen oder wieder zurückgewinnen, wenn diese nachlässt.
- Nicht jeder ausgesprochene Gedanke hat die gleiche Bedeutung. Durch die Visualisierung können Sie das Wesentliche Ihres Vortrags herausstellen und untermauern.

Wichtig:

Versuchen Sie, Informationen über mehrere Eingangskanäle im menschlichen Gehirn zu vermitteln. Aktivieren Sie, wann immer möglich, den optischen Kanal.

Bei so vielen Vorteilen darf ein Nachteil nicht verschwiegen werden. Wenn ein Gedanke visualisiert wird, misst ihm das Publikum ein größeres Gewicht bei, als wenn er nur ausgesprochen wird. Diese

Beobachtung kann in vielen Vorträgen gemacht werden. Zuhörer, die sich Notizen machen, schreiben überwiegend das auf, was visuell unterstützt wird.

Auch wenn nach einem Vortrag oder einer Präsentation eine Aussprache stattfindet, werden immer häufiger Visualisierungsinstrumente benutzt. So kann z.B. ein Redner seine Zuhörer auffordern, Fragen auf Kärtchen und an Pinnwänden zu sammeln, damit er sie in der späteren Diskussion beantworten kann.

Nicht übertreiben

Leider gibt es Redner, die mit riesigen Folienstapeln oder voll beschriebenen Flipchartblöcken anreisen. 30 Folien in einem Kurzvortrag von wenigen Minuten kann niemand mehr nachvollziehen. Aus dem Vortrag wird dann lediglich eine Kommentierung des vorbereiteten Materials. Die Zuhörer werden überfordert und die Vorteile der Visualisierung gehen wieder verloren.

Wichtig:

Die visuellen Hilfsmittel sollen das gesprochene Wort unterstützen, aber nicht verdrängen. Setzen Sie visuelle Hilfen nur ein, wenn Ihre Ausführungen dadurch anschaulicher und verständlicher werden.

3.2 Medienauswahl

Prüfen Sie, welche Medien zur Verfügung stehen und ob sich diese für das Thema und den Zuhörerkreis eignen. Machen Sie sich rechtzeitig mit Ihren Hilfsmitteln vertraut. Der Redner, der aufgeregt nach dem Einschaltknopf des Projektors oder Beamers sucht, überzeugt nicht. Prüfen Sie auch den Standort Ihrer Hilfsmittel. Können alle Anwesenden auf die Leinwand, das Flipchart oder die Pinnwände sehen?

3.2.1 Tafel, Flipchart, Pinnwand

Neben die in Schulen noch immer vorhandene Kreidetafel ist inzwischen das kunststoffbeschichtete Whiteboard getreten, das mit speziellen Farbstiften beschrieben wird. In vielen Seminar- und Konferenzräumen sind emaillierte Metalltafeln anzutreffen, die neben der Beschriftung auch mit Haftmagneten befestigte Blätter aufnehmen können. Eine zeitgemäße Weiterentwicklung der Schreibtafel ist das Flipchart. Das Flipchart ist ein Ständer, auf dem Papierblöcke im DIN-A0-Format befestigt sind.

Tafel oder Flipchart zählen zur Mindestausstattung an visuellen Hilfsmitteln. Selbst wenn Sie Ihren Vortrag ohne visuelle Unterstützung planen, sollten Sie dafür sorgen, dass mindestens eine Möglichkeit vorhanden ist, um etwas anzuschreiben. Sie werden dafür dankbar sein, wenn Sie während des Vortrags nach der Schreibweise eines Namens, eines Fremdworts oder Fachbegriffs gefragt werden.

Soweit Sie zwischen Tafel und Flipchart entscheiden müssen, empfehle ich das Flipchart. Es hat gegenüber der Schreibtafel oder dem Whiteboard mehrere Vorteile:

- Größere Sauberkeit und bessere Lesbarkeit
- Größere Mobilität im Raum
- Aufzeichnungen früherer Vortragsphasen können vorübergehend weggeklappt und bei Bedarf wieder zurückgeholt werden
- Größere Niederschriften (z.B. Tabellen, Zeichnungen, eine Gliederung) können vor dem Vortrag vorbereitet und zunächst verdeckt gehalten werden
- Aufzeichnungen können bei Bedarf aufbewahrt und bei späteren Anlässen erneut verwendet werden

Tafel und Flipchart richtig einsetzen

Tafel und Flipchart haben den wesentlichen Nachteil, dass der Redner beim Anschreiben den Zuhörern den Rücken zuwendet. Die folgenden Empfehlungen helfen Ihnen, diesen Nachteil zumindest teilweise zu überwinden:

- Versuchen Sie sich beim Anschreiben so zu stellen, dass die Schreibfläche nicht völlig verdeckt wird.
- Drehen Sie sich öfters einmal um und stellen Sie den Blickkontakt zum Publikum wieder her.
- Sprechen Sie den anzuschreibenden Text laut mit oder sprechen Sie den Text vorher aus und schreiben ihn dann ohne zu sprechen an.
- Sprechen Sie, während Sie anschreiben, auf keinen Fall weiter, denn die Zuhörer können sich nicht gleichzeitig auf unterschiedliche gesprochene und geschriebene Aussagen konzentrieren.
- Begrenzen Sie die Niederschrift auf wesentliche Aussagen; wenn Sie zu viel anschreiben, können die Zuhörer nicht mehr zwischen wichtigen und weniger wichtigen Gedanken unterscheiden.
- Verwenden Sie Symbole und Abkürzungen, falls diese dem Publikum bekannt sind.
- Beim Flipchart besteht die Möglichkeit, Blätter mit wichtigen Aussagen dauerhaft sichtbar zu halten, indem diese an seitlich ausklappbaren Stäben oder an der Wand befestigt werden.

Vorbereitete Niederschriften müssen kommentiert werden. Gegen diese Regel verstoßen viele Redner. Eine voll beschriebene Flipchartseite wird aufgeklappt und die Zuhörer werden vom Inhalt erschlagen. Auch ein Vorlesen der Aufzeichnungen ist zu wenig. Nur ein Kommentar jedes einzelnen Punkts stellt sicher, dass die Zuhörer die verschiedenen Gedanken richtig verstehen und sie sich einprägen.

Schreiben Sie niemals falsche Zahlen oder Behauptungen an, denn diese könnten sich einprägen oder vom Publikum irrtümlich abgeschrieben werden.

Wichtig:

Tafel und Flipchart sind nur bei geringem Zuhörerabstand lesbar. Sie sollten deshalb nur bei kleineren Zuhörergruppen eingesetzt werden.

Haft- und Stecktafel (Pinnwand)

Bei Haft- und Stecktafeln werden je nach Art der Tafel Kärtchen oder Blätter mit Magneten, Nadeln oder Kleber befestigt. Sie eignen sich zum Anbringen von vorbereitetem Material und für das Entwickeln von Gedanken während eines Vortrags. Sie kommen vor allem bei Vorträgen und Präsentationen vor kleineren Gruppen zum Einsatz. Bei den Stecktafeln dominieren inzwischen die aus der Moderationsmethode übernommenen Pinnwände. Die zugehörigen Materialien sind:

- Packpapier
- Kärtchen unterschiedlicher Größe, Farbe und Form
- Nadeln und Klebestifte
- Filzstifte in unterschiedlicher Farbe und Stärke

Über das Anheften eigener Materialien (Gliederung, Schlagworte, Spontanideen während des Vortrags) hinaus bietet die Pinnwand die Möglichkeit, die Teilnehmer zu aktivieren (Abfragen durch Zuruf, Kartenabfragen, Punktabfragen/Gewichten). Solche Aktivitäten können zu Beginn eines Vortrags und vor allem in einer an den Vortrag oder die Präsentation anschließenden Diskussion eingesetzt werden. Beim Beschriften der Kärtchen sollten folgende Regeln beachtet werden:

- Verwenden Sie Groß- und Kleinbuchstaben
- Schreiben Sie jeden neuen Gedanken auf ein eigenes Kärtchen; nur so können Sie die Kärtchen umsortieren
- Verwenden Sie je Kärtchen nur wenige Stichworte; schreiben Sie keine ganzen Sätze auf
- Verwenden Sie Symbole und Abkürzungen
- Schreiben Sie groß genug (höchstens drei Zeilen oder sieben Wörter pro Kärtchen).
- Achten Sie darauf, dass Karten gleicher Farbe und gleicher Form denselben Sinn ausdrücken.

3.2.2 Overheadprojektor

Im Gegensatz zu Tafel und Flipchart hat der Overheadprojektor (Tageslichtprojektor) den Vorteil, dass der Redner den Zuhörern beim Beschreiben und Kommentieren der Folien nicht den Rücken zukehren muss. Außerdem kann der Tageslichtprojektor auch bei einem großen Zuhörerkreis eingesetzt werden, unter der Voraussetzung, dass eine ausreichend große Leinwand oder Projektionswand vorhanden ist und der Projektor über eine starke Lichtquelle verfügt. Wie der deutsche Name schon sagt, kann der Tageslichtprojektor verwendet werden, ohne dass der Raum verdunkelt werden muss. Leider werden sowohl bei der Vorbereitung als auch beim Einsatz von Folien viele Fehler gemacht.

Foliengestaltung

Die Folien werden entweder auf dem PC erstellt und mit dem Drucker ausgedruckt oder mit speziellen Folienstiften von Hand geschrieben oder gezeichnet. Über die Visualisierung hinaus können Folien kopiert und in die Teilnehmerunterlagen aufgenommen oder für das Protokoll verwendet werden.

Haben Sie nicht auch schon die Folie in winziger Schrift erlebt? Wer einen gedruckten Text unverändert kopiert, der tut zu wenig. Eine Folie wird nur dann ihren Zweck erfüllen, wenn sie für die Zuhörer ohne Probleme lesbar ist. Auch beim Folieneinsatz gilt es genau auszuwählen, was visualisiert werden soll. Mit acht bis zehn Folien haben Sie bei einem halbstündigen Vortrag sicherlich die Obergrenze erreicht. Andernfalls bleibt nicht genügend Zeit für eine ausreichende Kommentierung.

- Behandeln Sie je Folie immer nur ein Thema.
- Um die Lesbarkeit sicherzustellen, sollten bei Textfolien je Folie höchsten acht Zeilen verwendet werden.
- Lassen Sie unten mindestens 8cm Rand, damit die letzten Zeilen auch von den hinteren Plätzen gesehen werden können.
- Schreiben Sie in Druckschrift und verwenden Sie Groß- und Kleinbuchstaben.

- Vergewissern Sie sich vor dem Einsatz, ob die Folien auch von der letzten Zuhörerreihe aus noch lesbar sind.
- Gliedern Sie die Folien durch Nummerierung, Spiegelstriche, Leerzeilen oder unterschiedliche Schriftgrößen.
- Nehmen Sie nur Schlagworte auf und keine vollständigen Texte. Ausnahme: Zitate und Definitionen.
- Sorgen Sie für Abwechslung durch unterschiedliche Farben.
- Vermeiden Sie gelbe und andere helle Farben.

Für Bildfolien gibt es im Handel und in Fachverlagen zahlreiche Vorlagen. Prüfen Sie bei selbst erstellten Bildfolien, ob Sie das Bild nur teilweise vorbereiten und entscheidende Elemente erst beim Vortrag hinzufügen (z.B. die Pfeile bei einem Organigramm). Sorgen Sie für Abwechslung und lockern Sie auch einen Sachvortrag einmal durch eine Karikatur auf.

Folien- und Projektoreinsatz

Zwei Fehler kommen beim Projektoreinsatz besonders häufig vor:

- Die Projektion wird verdeckt, weil der Redner zwischen Projektor und Leinwand steht und
- der Redner kommentiert gegen die Leinwand statt zu seinen Zuhörern.

Gerade die Möglichkeit, den Blickkontakt zu den Zuhörern beizubehalten, ist jedoch ein Hauptvorteil des Projektors gegenüber der Tafel und dem Flipchart.

Schalten Sie den Projektor erst ein, wenn er benötigt wird. Leider gibt es Redner, die schalten das Gerät mit dem Betreten des Vortragsraums ein und vergessen nach eineinhalb Stunden Vortrag dann auch noch, es wieder auszuschalten. Dabei ist die Energieverschwendung das kleinste Problem. Entscheidend ist, dass das Publikum durch eine abgehandelte Folie, die nicht mehr gebraucht wird, ebenso gestört wird wie durch eine leere, beleuchtete Leinwand.

Wichtig:

Verhindern Sie unnötige Ablenkungen, indem sie den Projektor ausschalten, wenn er längere Zeit nicht benötigt wird.

Wenn Sie vorher produzierte Folien einsetzen, legen Sie zunächst die Folie auf und schalten dann den Projektor ein. Lassen Sie den Projektor jedoch dann eingeschaltet, wenn Sie unmittelbar von einer Folie zur nächsten wechseln. Bauen Sie beim Publikum Spannung auf, indem Sie Folien ankündigen. Lassen Sie eine Folie oder ein Bild nach dem Auflegen bzw. Aufblenden einige Sekunden wirken, damit sich die Zuhörer hineindenken können. Beginnen Sie erst danach mit ihrem Kommentar.

Wichtig:

Wie vorbereitete Flipchartblätter müssen auch vorbereitete Folien kommentiert werden. Ein Publikum, das nur noch mitlesen darf, hätte sich den Vortrag ersparen können. Ein Buch wäre ausreichend gewesen.

Ein reines Vorlesen der Folie ist zu wenig und wäre auch für die meisten Zuhörer zu schnell. Außerdem möchten manche Zuhörer den Folientext abschreiben. Schließlich kann bei den Zuhörern auch das Gefühl entstehen, etwas versäumt zu haben, wenn Sie zu früh abschalten.

Wichtige Aussagen einer Textfolie oder die gerade kommentierte Stelle in einer Bildfolie können durch einen aufgelegten Stift (6-Eck-Bleistift rollt nicht weg) hervorgehoben werden. Die Meinungen gehen auseinander, ob eine Textfolie ganz oder nur zeilenweise aufgedeckt werden soll. Gegen eine Abdeckung eines Teils spricht, dass sich die Zuhörer nur dann einen Überblick verschaffen können, wenn sie sofort alles sehen. Wenn Sie aber eine mehrzeilige Liste sofort ganz aufdecken, dann besteht die Gefahr, dass die Zuhörer diese von oben nach unten durchlesen und nicht mehr Ihre Kommentare zu den einzelnen Zeilen hören. Wenn Sie dagegen die noch nicht gebrauchten Zeilen abdecken, dann lenken Sie den Blick und die Aufmerksamkeit der Zuhörer auf die zu diesem Zeitpunkt aktuelle Zeile.

3.2.3 Film- und Videoeinsatz

Wenn sich ein Redner für den Film- oder Video-Einsatz entscheidet, sollte er vorher genau überprüfen, ob diese nicht zu sehr vom eigentlichen Vortrag ablenken. Denkbar ist ein Film zum Einstieg (Interesse wecken) bei Fachvorträgen oder Präsentationen.

Ein erfolgreicher Filmeinsatz muss vorbereitet werden. Die folgenden Kontrollfragen helfen Ihnen dabei:

- Eignet sich der Film für die Zuhörergruppe?
- Bin ich mit dem Film und Begleitmaterial selbst ausreichend vertraut?
- Soll der Film ganz oder in Sequenzen gezeigt werden?
- Sind alle im Film vorkommenden Begriffe, Fachwörter bekannt?
- Ist eine Nacharbeit erforderlich?
- Welche Fragen werden von den Zuhörern voraussichtlich zum Film gestellt?
- Bin ich mit der Technik ausreichend vertraut?

Je länger ein Film ist, desto notwendiger ist die Bildung von Sequenzen. Zu lange Filmpassagen ermüden und das Interesse für den weiteren Vortrag geht verloren.

3.2.4 Computergestützte Präsentation

Die von Hand aufgelegten Folien werden zeitgemäß in immer stärkerem Maße von computergestützten Projektionen abgelöst. Dazu wird anstatt der Folie ein LCD-Panel auf die Glasplatte des Overheadprojektors gelegt, das direkt mit dem PC oder dem Lektor verbunden wird.

Ein weiterer Schritt ist der Beamer, mit dessen Hilfe Computerbilder direkt auf die Leinwand projiziert werden können. Der Beamer ist vielseitiger einsetzbar als der Overheadprojektor. Aktuelle Datenauswertungen können unmittelbar aus dem Computer abgerufen werden. Eine computergestützte Präsentation besteht in der Regel aus einer Folge von elektronischen Darstellungen (Screens), die per Mausklick in einer vom Redner bestimmten Folge abgerufen werden. Auf diese Weise können komplexe Visualisierungen Stück für Stück mühelos aufgebaut werden.

Die aus dem Computer abgerufenen Darstellungen werden mit einer Spezialsoftware erstellt. Am bekanntesten ist PowerPoint. Mit diesen Programmen können Folien direkt erstellt und präsentiert werden. Das Layout und die Formatierung werden vom Programm vorgeschlagen, können aber individuell variiert werden. Die Schriftgrößen (mindestens 24 Punkt) für Überschriften und Texte sind vorgegeben. Um der Forderung nach kleinschrittiger Vorgehensweise gerecht zu werden, sind maximal acht Zeilen vorgesehen.

Es ist auch möglich, kleine Videosequenzen, Musik und Trickfilme einzubauen. Durch einen solchen Mix aus Standbildern (wie klassische Folien), Video, Ton und sich bewegende Bilder kann eine lebendige Darstellung erzielt werden.

Computergestützte Präsentationen haben gegenüber dem einfachen Overheadprojektor einige Vorteile:

- Visualisierungen werden sowohl bei der Herstellung als auch bei der Präsentation erheblich vereinfacht.
- Die Präsentation kann in kleinsten Schritten erfolgen, so dass die Zuhörer immer nur zu sehen bekommen, was im Augenblick für das Verständnis erforderlich ist.
- Computergestützte Präsentationen sind die ideale Möglichkeit für alle multimedialen Anwendungen.
- Wenn die Präsentationen einmal abgespeichert sind, können Sie immer wieder präsentiert, aber auch jederzeit verändert oder ergänzt werden.

Beim Arbeiten mit computergestützten Präsentationen gelten folgende Regeln:

- Sprechen Sie zum Publikum und nicht zur Leinwand oder zum Bildschirm.
- Sorgen Sie im Vorfeld dafür, dass Sie die Technik perfekt beherrschen.

  - Wie schließt man den Computer an?
  - Wie schaltet man das Gerät an und aus?
  - Wie lange braucht das Gerät, um warmzulaufen?
  - Wie schaltet man den PC von Bildschirmdarstellung auf den Beamer um?
  - Wie blättert man vor und zurück?
- Da der Bildwechsel im Gegensatz zum Overheadprojektor nahezu unbemerkt erfolgt, müssen die Zuhörer auf neue Darstellungen ausdrücklich hingewiesen werden (Bilder ankündigen).
- Bereiten Sie sich auch auf Situationen vor, in denen die Technik versagt. Wer die wichtigsten Visualisierungen auf einem Satz Folien mit sich führt, kann im Notfall auf den Overheadprojektor umsteigen.
- Überprüfen Sie rechtzeitig, ob alle Zuhörer Ihre Visualisierung gut sehen können.
  - Gerät richtig platzieren
  - Schärfe richtig einstellen
  - Auf Lichtverhältnisse achten
  - Lichtstärke prüfen. Ist das Gerät lichtstark genug?
  - Sind Farben und Schrift gut zu erkennen?

3.2.5 Arbeitsunterlagen/Handouts

Bei manchen Vorträgen und Präsentationen sind schriftliche Unterlagen ein fester Bestandteil (zum Beispiel bei Kundenpräsentationen und Seminaren). Wenn die Teilnehmer wissen, dass bestimmte Inhalte eines Vortrags gedruckt geliefert werden, dann können sie sich besser auf den Vortrag konzentrieren. Als Redner müssen Sie rechtzeitig festlegen,

- welche Informationen Sie als Handout liefern wollen,
- wie die Informationen in knapper Form verständlich zusammengefasst werden können und
- wann Sie die Unterlagen aushändigen wollen.

Die Entscheidung, wann die Arbeitsunterlagen ausgehändigt werden sollen, hängt davon ab, wie schwierig und wichtig Ihre Ausführungen sind.

- Für eine Ausgabe nach dem Vortrag spricht, dass die Zuhörer weniger abgelenkt werden und sich besser auf die Ausführungen des Redners konzentrieren können. Ein Nachteil dieser Vorgehensweise ist, dass mitgeschrieben wird, was später gedruckt geliefert wird.
- Bei einer Ausgabe vor der Präsentation können sich die Zuhörer bereits während des Vortrags ergänzende Notizen an der richtigen Stelle in der Arbeitsunterlage machen. Ein Nachteil kann sein, dass die Zuhörer in der Arbeitsunterlage blättern oder vorauslesen und nicht mehr auf die Ausführung des Redners hören.

In jedem Fall sollten solche Informationen ausgehändigt werden, die im Vortrag nicht weiter vertieft werden, wie z.B. weiterführende Ausführungen, Literaturlisten, knappe Zusammenfassungen und größere Tabellen (Zahlenfriedhöfe). Manche Redner weisen am Anfang ihres Vortrags darauf hin, dass alle visualisierten Aussagen am Ende in gedruckter Form geliefert werden.

Ein gutes Handout enthält:

- ein Deckblatt mit dem Vortrags- oder Präsentationstitel
- Name des Veranstalters
- Datum und Ort der Veranstaltung
- Name des Vortragenden
- Gliederung des Vortrags
- Kerninformationen nach Gliederungspunkten geordnet
- je nach Art der Veranstaltung eine Teilnehmerliste

Die während der Präsentation eingesetzten Bilder und Charts sollten inhaltsgleich übernommen werden.

3.2.6 Medienauswahl an den Zuhörern orientieren

Die Eignung eines Mediums für eine bestimmte Kommunikationsform ist nicht das einzige Kriterium für seinen Einsatz. Daneben müssen auch die jeweiligen Zuhörer und das Umfeld beachtet werden. Berücksichtigen Sie bei der Auswahl und Gestaltung Ihrer Medien, dass der Mensch im TV-Zeitalter mit Bildern beinahe überflutet wird. Die Zuhörer sind kritisch und anspruchsvoll geworden. Sie werden Ihre Hilfsmittel nur akzeptieren, wenn diese von hoher Qualität sind. Folgende Kriterien sollten Sie bei der Auswahl beachten:

- Was erwarten Ihre Zuhörer? Können Sie noch mit handgeschriebenen Folien auftreten oder gelten Sie als rückständig, wenn Sie nicht elektronische Medien einsetzen?
- Bestehen in Ihrem Unternehmen oder beim Veranstalter bestimmte Vorgaben für den Medieneinsatz, die beachtet werden müssen?
- Welche medientechnischen Einrichtungen stehen zur Verfügung?
- Wollen Sie nur vorgefertigte Darstellungen präsentieren oder wollen Sie Ihre Zuhörer aktiv an der Arbeit bestimmter Themen beteiligen?
- Reicht zur Erläuterung bestimmter Gedankengänge jeweils nur ein Bild oder müssen mehrere Darstellungen nebeneinander gestellt werden?
- Wie groß wird der Zuhörerkreis voraussichtlich sein? Bei mehr als 8–10 m Abstand oder 25 Teilnehmern ist ein Flipchart nicht mehr für alle Zuhörer lesbar.
- Müssen Sie ihre Professionalität durch einen Medien-Mix beweisen?

3.3 So visualisieren Sie richtig

Ein Hauptgrund für die Verwendung visueller Hilfsmittel ist die größere Verständlichkeit. Im Idealfall soll das Gesagte durch die visuelle Unterstützung auf einen Blick verstanden werden. Leider wird dieses Ziel nicht immer erreicht. Das eingangs zitierte Sprichwort vom Bild, das mehr sagt als 1000 Worte, ist nur richtig, wenn es sich um ein gutes Bild handelt. Eine ungeschickte Darstellung kann auch verwirren und macht umfassendere Erklärungen erforderlich.

Eine schnell auf Folie kopierte Buchseite, die wegen der kleinen Schrift für die meisten Teilnehmer nicht lesbar ist, wird keine Unterstützung sein. Wenn Sie dagegen einen wesentlichen Gedanken herausgreifen und ihn in gut leserlicher Schrift visualisieren und anschließend ausreichend kommentieren, dann bieten Sie den Zuhörern eine wirksame Hilfe.

Die folgenden Darstellungsformen können allein oder in Kombination miteinander eingesetzt werden:

- Text
- Tabellen
- grafische Schaubilder
- Bilder und Symbole

3.3.1 Geschriebene Texte

Textdarstellungen sind die gebräuchlichste Visualisierungsform. Textvisualisierungen eignen sich für das Thema, für Gliederungen, Zusammenfassungen, Aufzählungen oder um besonders wichtige Aussagen hervorzuheben.

Auch bei Textdarstellungen gelten die in Abschnitt 4.1.3 besprochenen vier Verständlichmacher:

- Einfachheit erreichen Sie durch die Verwendung kurzer Sätze und geläufiger Wörter.
- Für Gliederungen und Ordnung sorgen Überschriften und Zwischenüberschriften sowie die optische Blockbildung.
- Der Forderung nach Kürze und Prägnanz werden Sie gerecht, wenn Sie die Visualisierung auf das Wesentliche beschränken.
- Als zusätzliche Stimulation können Farben eingesetzt, anschauliche Beispiele genannt und ergänzend zu geschriebenen Texten auch Bilddarstellungen verwendet werden.

Gerade bei der Textvisualisierung werden besonders viele Fehler gemacht. Sehr häufig wird zu viel Text dargestellt, die Schrift ist zu klein oder die Übersicht fehlt. Solche Fehler können Sie vermeiden, wenn Sie folgende Empfehlungen beachten:

- Wählen Sie die Schrift so, dass sie auch in den hintersten Reihen gut gelesen werden kann.

- Achten Sie auf die Lesbarkeit Ihrer Texte.
- Wenn Sie Ihre Texte von Hand erstellen, verwenden Sie Druckschrift.
- Bei der Erstellung der Texte mit dem Computer verwenden Sie einfache Schrifttypen (z.B. Arial).
- Benutzen Sie Groß- und Kleinbuchstaben.
- Vermeiden Sie Schnörkelschriftarten.
- Bleiben Sie bei einer Schriftart; mehrere Schriftarten wirken verwirrend.
- Visualisieren Sie nur Kernaussagen.
- Verwenden Sie einfache und verständliche Formulierungen.
- Vermeiden Sie Prosatext; arbeiten Sie mit Stichworten.
- Lassen Sie zwischen den Zeilen ausreichend Platz.
- Beschränken Sie sich auf maximal sieben Inhaltspunkte pro Textvisualisierung.
- Wenn Sätze erforderlich sind, dann nur kurze Sätze mit höchstens sieben Wörtern und nur einer Information pro Satz.
- Benutzen Sie einfache und verständliche Ausdrücke.
- Achten Sie auf die Lesegewohnheiten Ihres Publikums: Schreiben Sie immer von links nach rechts. Beginnen Sie mit Ihrer Darstellung links oben.

3.3.2 Tabellen

Tabellen werden verwendet, wenn Zahlen in einer Reihenfolge dargestellt werden sollen, um dadurch Abläufe und Veränderungen aufzuzeigen. Tabellen enthalten genaue Zahlenwerte, die vom Publikum unmittelbar weiterverwendet werden können. Manchmal sind in den Tabellen auch die den Ergebnissen zu Grunde liegenden Ursprungswerte aufgenommen.

- Verwenden Sie eine knappe, aber eindeutige Überschrift, damit die Betrachter sofort erkennen, worum es geht.
- Beschränken Sie die Anzahl der Spalten und Zeilen, damit die Betrachter die Tabelle mit einem Blick erfassen können.

- Durch die Verwendung unterschiedlicher Linienstärken und Linienarten wird die optische Trennung zwischen den verschiedenen Gruppen erleichtert (z.B. Kopfzeilen und Inhalt) und die Lesbarkeit verbessert.
- Kopfzeilen und –spalten sollen wegen der besseren Lesbarkeit so weit wie möglich waagrecht beschriftet werden.
- Durch Nummerierung der Zeilen und Spalten wird das Auffinden bestimmter Positionen erleichtert.
- Zahlen werden durch Dreiergruppierungen übersichtlicher und leichter lesbar (z.B. 11 000 000 € statt 11000000 €).
- Bei der Präsentation einer Tabelle hat es sich bewährt, wenn Sie zunächst einen Überblick über die gesamte Tabelle geben, ehe Sie einzelne Positionen kommentieren.

3.3.3 Grafische Darstellungen

Grafische Darstellungen erlauben einen schnelleren Überblick als Tabellen. Sie eignen sich besonders, um große Datenmengen anschaulich darzustellen. Die wichtigsten grafischen Darstellungsformen sind Säulen-, Kreis- und Kurvendiagramme.

Säulendiagramme

Säulendarstellungen (Balkendiagramm, Stabdiagramm) eignen sich vor allem für die vergleichende Darstellung von Bestandsmassen. Die wiederzugeben Zahlenwerte werden durch die Höhe der Säulen verdeutlicht. Innerhalb der Säulen kann die Gesamtmasse in Teilmassen untergliedert werden.

- Die Teilmassen werden durch eine unterschiedliche Schraffur oder Farbe voneinander abgehoben.
- Anstelle absoluter Werte können auch Prozentanteile benutzt werden.
- Der Abstand zwischen den Balken kann geringer sein als die Balkenbreite.
- Zahlenwerte stehen über oder neben den Balken oder ergeben sich aus den Koordinaten.

Ein Beispiel für eine einfache Säulendarstellung sind die schon erwähnten Behaltensquoten.

Wenn eine Gesamtmasse aus vielen, aber unterschiedlich großen Teilmassen besteht, ist es zumeist anschaulicher, anstelle des Säulendiagramms ein Kreisdiagramm (Tortendiagramm) zu verwenden. Dabei müssen absolute Werte in Prozentwerte umgerechnet werden. Auch hier werden die einzelnen Segmente durch eine unterschiedliche Schraffierung oder Farbe gekennzeichnet.

- Verwenden Sie in einem Diagramm maximal 5–7 Segmente, damit das Bild übersichtlich bleibt.
- Die Beschriftung der einzelnen Segmente kann außerhalb des Kreises angebracht werden.
- Die für ihre Darstellung besonders wichtigen Segmente können aus dem Kreis herausgezogen werden.

Beim Kurvendiagramm (Liniendiagramm) werden Zahlenwerte in einem Koordinatensystem dargestellt und miteinander verbunden Kurvendiagramme werden vor allem für die Abbildung von Zeitreihen (Entwicklungen innerhalb eines Zeitablaufs) benutzt. Durch die Kombination mehrerer Zeitreihen in einer Abbildung können bestehende Abhängigkeiten besonders gut aufgezeigt werden (z.B. die Entwicklung der Zahl der Arbeitslosen und der Fluktuationsrate). Auch hier sei an ein bekanntes Beispiel aus der Politik erinnert. Die Entwicklung des prozentualen Anteils der im Bundestag vertretenen Parteien wird regelmäßig als Zeitreihe dargestellt.

Für alle grafischen Darstellungen gilt:

- Verwenden Sie für verschiedene Zeitreihen unterschiedliche Farben oder Linienarten.
- Verwenden Sie in einem Diagramm maximal 3–5 Zeitreihen, um Verwirrung zu vermeiden.
- Achten Sie darauf, dass sich die Koordinaten deutlich von den dargestellten Kurven abheben.

Zur Darstellung von Strukturen und Abläufen eignen sich Organigramme. Ein typisches Beispiel ist die Darstellung von Aufbau- und Ablaufstrukturen von Unternehmen oder Abteilungen.

3.3.4 Bilder und Symbole

Durch Bilder und Symbole können einzelne Informationen verdeutlicht und hervorgehoben werden. Komplexe Sachverhalte können einfach und anschaulich ausgedrückt werden. Sie werden dadurch mit einem Blick verständlich. Trockene Themen werden aufgelockert.

Ein Bild sagt mehr als tausend Worte

3.4 Sonstige Hilfsmittel

Der Vortragserfolg kann vom äußeren Rahmen und der Nutzung technischer Hilfsmittel beeinflusst werden. Wenn Sie vor einem größeren Publikum sprechen müssen, wird die normale Lautstärke nicht mehr ausreichen und Sie müssen ein Mikrofon benutzen. Es kann auch sein, dass Sie einer von mehreren Rednern sind und ein Pult mit fest installiertem Mikrofon bereits vorhanden ist.

Soweit Sie auf die Auswahl des Mikrofons Einfluss nehmen können, empfehle ich drahtlose Geräte zum Anstecken oder Umhängen. Damit sind Sie mobil und können den üblichen Redeplatz zeitweise verlassen, um z.B. zu den eingesetzten Hilfsmitteln (Tafel, Flipchart, Pinnwand) zu gehen. Bei fest installierten Mikrofonen müssen Sie auf den richtigen Abstand zwischen Mikrofon und Mund achten. Er sollte etwa 50 cm betragen und während des Vortrags weitgehend beibehalten werden. Zu enger oder zu weiter Abstand führt zu starken Schwankungen der Lautstärke. Bei einem sehr breiten Auditorium benötigen Sie zwei Mikrofone, die rechts und links vor Ihnen angebracht sind. Damit können Sie auch zu den seitlich sitzenden Zuhörern Blickkontakt halten, ohne dass es zu Schwankungen in der Lautstärke kommt. Achten Sie darauf, dass die Frequenz ihrer Stimmlage entspricht.

Machen Sie sich vor dem Eintreffen der Zuhörer durch kurze Sprechproben mit dem Mikrofon vertraut, damit es nicht zu den allseits bekannten Ritualen kommt. Das Publikum glaubt Ihnen, dass Sie die ersten Zahlen auswendig aufsagen können. Auch mehrfache Klopf- und Blasübungen als Tonprobe sind nicht gefragt. Die hektische Suche nach dem Einschaltknopf kann zu einer zusätzlichen Quelle für Lampenfieber werden. Berücksichtigen Sie bei der Mikrofonprobe, dass die Akustik bei leeren Vortragsräumen etwas abweicht.

Frei sprechen haben wir definiert als frei formulieren, anhand vorbereiteter Stichworte. In einem zweiten Sinne kann damit auch gemeint sein, frei vor den Zuhörern sprechen, also ohne sich hinter einem trennenden Tisch oder Pult zu verstecken.

Wichtig:

Ein Redner, der frei von seinen Zuhörern steht, vermittelt dem Zuhörer den Eindruck, dass er sich seiner Sache sicher ist.

Wenn ein Pult oder Tisch nicht zu vermeiden sind, dann achten Sie zumindest darauf, dass Ihr Oberkörper darüber hinausragt. Wer sich völlig hinter dem Pult versteckt, verschenkt die gesamten körpersprachlichen Wirkungsmöglichkeiten.

Checkliste: Visuelle Hilfsmittel

- Die Verständlichkeit von Vorträgen wird durch den Einsatz von Hilfsmitteln erhöht.
- Der Mensch behält mehr, wenn er Informationen gleichzeitig hören und sehen kann.
- Bei Präsentationen ist die Visualisierung ein fester Bestandteil. Bei Vorträgen sollten Sie prüfen, inwieweit Sie Ihre Ausführungen durch visuelle Unterstützung beim Zuhörer vertiefen können.
- Durch visuelle Unterstützung wichtiger Gedanken können Sie die Aufmerksamkeit des Publikums zurückgewinnen, wenn diese nachlässt.
- Machen Sie sich rechtzeitig mit den Hilfsmitteln vertraut.
- Tafel und Flipchart sind nur bei geringem Zuhörerabstand lesbar. Sie sollten deshalb nur bei kleineren Zuhörergruppen eingesetzt werden.
- Achten Sie auf eine ausreichende Schriftgröße.
- Behandeln Sie beim Folieneinsatz nur ein Thema pro Folie.
- Schalten Sie den Overheadprojektor aus, wenn er längere Zeit nicht gebraucht wird.
- Kommentieren Sie alle vorbereiteten Folien oder Niederschriften.
- Sprechen Sie zum Publikum und nicht zur Leinwand oder zum Bildschirm.
- Orientieren Sie Ihre Medienauswahl an den Zuhörern.
- Wechseln Sie zwischen Text- und bildhaften Darstellungen (Tabellen, grafische Darstellungen, Bilder).
- Halten Sie Maß, visuelle Hilfen sollen das gesprochene Wort unterstützen, nicht verdrängen. Visualisieren Sie nur, wenn Ihre Ausführungen dadurch anschaulicher und verständlicher werden.

4. Kapitel

Auf die richtige Sprache kommt es an

Die Sprache ist das wichtigste Instrument jedes Redners. Zwar weiß ein Redner nicht genau, was die Zuhörer verstehen, aber er kann versuchen, durch Beachtung bestimmter sprachlicher und sprechtechnischer Regeln, für eine gute Verständlichkeit zu sorgen. In diesem Kapitel geht es

- um die sprachliche Gestaltung, d.h. wie Redner ihre Gedanken in Wörter und Sätze formulieren und
- um die Sprechtechnik, d.h. wie die Formulierungen vorgetragen werden.

Zuvor werden auf den folgenden Seiten noch einige theoretische Grundlagen der Kommunikation dargestellt. Dadurch werden die weiteren Ausführungen verständlicher, denn Sie erfahren nicht nur, *was* Sie für erfolgreiche Vorträge und Präsentationen tun sollen, sondern Sie finden die Erklärung dafür, *warum* bestimmte Verhaltensweisen erforderlich sind.

4.1 Erfolgreich sprechen heißt verständlich sprechen

Vortrag und Präsentation sind Instrumente der sozialen Kommunikation. Diese ist von entscheidender Bedeutung für die Gestaltung unseres Lebens, denn einen Großteil unserer Zeit verbringen wir damit, mit anderen zu kommunizieren. Das scheint auf den ersten Anblick ganz einfach zu sein. Eine Person (in unserem Falle die Rednerin oder der Redner) sagt etwas – in der Fachsprache wird von einer Nachricht gesprochen – und geht davon aus, dass eine oder mehrere andere Personen (in unserem Fall das Publikum) es genauso verstehen. Das ist leider häufig nicht der Fall, denn das Verständnis zwischen Redner und Zuhörern kann durch zahlreiche Hindernisse beeinträchtigt werden.

Wichtig:

Eine Nachricht ist nicht das, was der Redner sagt, sondern das, was beim Empfänger ankommt und verstanden wird.

Diese grundlegende Gesetzmäßigkeit gilt für jede Form der Kommunikation, also auch für Vorträge und Präsentationen.

Zwischenmenschliche Kommunikation

4.1.1 Entscheidend ist, was die Zuhörer verstehen

Kommunikation besteht zunächst immer aus drei Faktoren:

- dem Sender,
- dem Empfänger und
- der eigentlichen Nachricht, also dem, was mitgeteilt wird.

Probleme entstehen bei der Übermittlung der Nachricht. Der Sender (= Redner) verpackt die Nachricht (= der Vortrag/die Präsentation) mit seinem persönlichen Zeichenvorrat. Das können verbale und nonverbale Aussagen sein. Der Empfänger (= Zuhörer) greift beim „Auspacken" der Nachricht seinerseits auf seinen eigenen Zeichenvorrat zurück, ebenfalls wieder verbal und nonverbal.

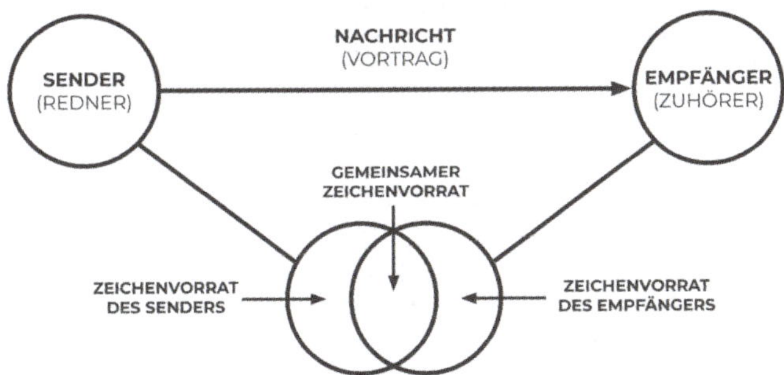

Unklarheiten und Missverständnisse entstehen immer dann, wenn Sender und Empfänger unterschiedliche Zeichen benutzen. Dies ist leider nicht die Ausnahme, sondern die Regel. Die Verständigung kann beeinträchtigt sein, weil

- vom Redner Fremdwörter oder Fachbegriffe benutzt werden, welche die Zuhörer möglicherweise nicht kennen,
- der Redner Wörter mit mehreren Bedeutungen verwendet,
- der Redner mit Beispielen operiert, die für die Zuhörer keine Aussagekraft haben,
- der Redner Informationen und frühere Erfahrungen voraussetzt, mit denen sich die Zuhörer nur wenig oder gar nicht auskennen,

- der Redner nonverbale Äußerungen (z.B. eine bestimmte Geste) verwendet, die vom Zuhörer anders interpretiert werden können,
- die Zuhörer je nach Tonfall eine Aussage anders verstehen als diese gemeint ist.

In einem Gespräch können Verständigungsprobleme durch Nachfragen und gegenseitige Rückmeldung (Feedback) leichter ausgeräumt werden. Bei einem Vortrag muss sich der Redner um genaue Kenntnisse über sein Publikum bemühen; nur so wird er in der Lage sein, die richtige Sprache zu sprechen oder an die vorhandenen Erfahrungen anzuknüpfen.

Wichtig:

Je besser der Zeichenvorrat des Redners mit dem Zeichenvorrat des Publikums übereinstimmt, umso verständlicher werden die Ausführungen.

4.1.2 Kommunikation auf zwei Ebenen

Vielleicht haben Sie auch schon den Redner erlebt, der einen beeindruckenden Fachvortrag hält und dennoch an seinen Zuhörern vorbeiredet. Kommunikation ist mehr als die reine Vermittlung von Sachinformationen. Neben dem Verstand wird immer auch das Gefühl des anderen angesprochen. Thilo v. Trotha, der sechs Jahre lang der Redenschreiber des früheren Bundeskanzlers Helmut Schmidt war, hat das so ausgedrückt: *„Der kluge Redner weiß: Er redet zwar zur Sache, aber in erster Linie als Mensch zu Menschen. Es interessiert nicht nur die Nachricht eines Menschen, es interessiert auch der Mensch selbst.“* (v. Trotha, S. 96/97). Paul Watzlawick hat wie folgt formuliert. *„Jede Kommunikation hat einen Inhalts- und einen Beziehungsaspekt, derart, dass letzterer den ersteren bestimmt“.* Das gilt im Gespräch ebenso wie bei Vorträgen und Präsentationen.

Wichtig:

Kommunikation zwischen Menschen findet immer gleichzeitig auf zwei Ebenen statt: Auf der Sachebene und auf der Beziehungsebene.

Leider wird die Beziehungsebene oft vernachlässigt. Viele Redner glauben, es reicht aus, wenn sie sachlich überzeugen. Tatsächlich ist aber die Beziehungsebene entscheidend. Sie kennen vielleicht die Redensart: *„Eine Entscheidung wird zuerst mit dem Gefühl getroffen und danach mit dem Verstand begründet"*. Diese Aussage ist in vielen Fällen richtig. Der Redner darf nicht nur sachlich argumentieren, sondern er muss auch menschlich überzeugen.

Wichtig:

Sprechen Sie auch die Gefühle an. Wenn Sie Ihr Publikum auf der Beziehungsebene erreichen, dann werden Sie auch auf der Sachebene anerkannt.

Um die Zuhörer zu erreichen, gibt es viele Wege. Neben der sprachlichen Gestaltung verfügt der Redner auch über zahlreiche nicht sprachliche Ausdrucksmöglichkeiten. Der deutsche Kommunikationswissenschaftler Schulz von Thun hat den Ansatz von Watzlawick um zwei zusätzliche Ebenen erweitert. Er hat das Modell von den vier Ebenen einer Nachricht entwickelt. Sein Modell besagt, dass jede Äußerung, die wir von uns geben, immer vier Aspekte enthält, die der Empfänger wahrnehmen kann.

- Der **Sachaspekt**: Dabei geht es um eine klare und eindeutige Information über einen Sachverhalt. Zahlen, Daten und Fakten machen sehr oft den Sacheinhalt einer Nachricht aus.
- Der **Selbstoffenbarungsaspekt:** Das sind Informationen über den Sender selbst, über seine Eigenarten oder seine Selbsteinschätzung, die er bewusst oder unbewusst preisgibt.
- Der **Beziehungsaspekt:** Damit wird verdeutlicht, wie der Sender den Empfänger sieht und was er vom Empfänger hält (z.B. Wert- oder Geringschätzung, Bevormundung). Wie bereits erwähnt,

sind es zumeist der Tonfall und die Körpersprache, die Hinweise auf den Beziehungsaspekt geben.

- Der **Appellaspekt:** Er sagt etwas darüber aus, was der Sender beim Empfänger erreichen möchte, wozu er ihn veranlassen will, was er tun oder unterlassen soll. Über den Appell versucht der Sender, den Empfänger bewusst oder unbewusst zu beeinflussen.

Jede Nachricht, die wir von uns geben, enthält immer diese vier Aspekte, auch wenn wir selbst glauben, nur einen Aspekt angesprochen zu haben.

Wichtig:

Machen Sie sich bewusst, dass Ihr Publikum Sie anders verstehen kann, als Sie es gemeint haben und dass Sie mit jeder Aussage auch etwas von sich selbst verraten (Selbstoffenbarung).

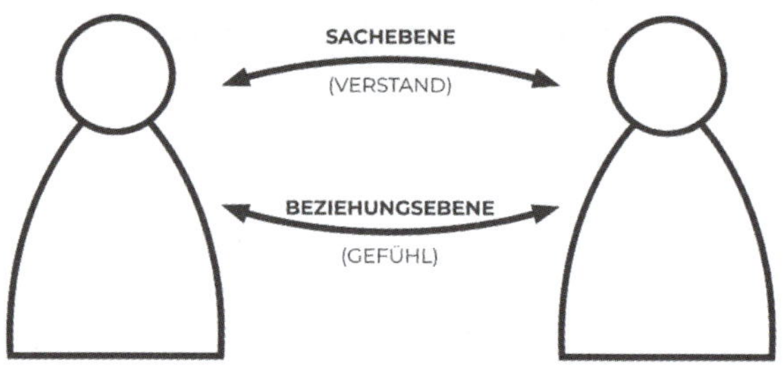

Auch die Empfängerseite unterscheidet nach den vier Aspekten. Der oder die Empfänger hören die Sachaussage und überprüfen diese zusätzlich auf Beziehung, Selbstoffenbarung und Appell. Das bedeutet aus der Sicht der Empfänger, dass diese über vier „Ohren" verfügen, die den vier Kanälen des Senders entsprechen.

Bei einem Vortrag können Sie nicht bei jedem Beispiel oder jeder Aussage sicher einschätzen, auf welchem Ohr Sie Ihre Zuhörer erreichen.

Wichtig:

Jeder Redner sollte sich bewusst sein, dass viele Aussagen von seinen Zuhörern anders verstanden werden, als er es selbst bei der Wortwahl glaubt.

Übung: Emotionen ausdrücken

Manchem Redner fällt es schwer, Emotionen zu zeigen. In solchen Fällen hilft das Training mit Superlativ-Themen der folgenden Art:

- Mein schönstes (schlimmstes) Schulerlebnis
- Darüber habe ich mich am meisten geärgert (gefreut)
- Meine größte berufliche (sportliche) Enttäuschung
- Mein größter beruflicher (sportlicher) Erfolg
- Mein schönster Urlaub

Notieren Sie sich einige Stichworte und versuchen Sie, beim Vortrag die jeweiligen Emotionen (Freude, Ärger, Enttäuschung usw.) sowohl mit der Stimme als auch durch Mimik, Gestik und Haltung deutlich auszudrücken.

Übungsziel: Gefühle zeigen

4.1.3 Dimensionen der Verständlichkeit

Verständlichkeit ist eine entscheidende Voraussetzung, um Informationen erfolgreich weiterzugeben; ihre Bedeutung für den Redeerfolg wird häufig unterschätzt. Neben einer überzeugenden Sprechtechnik (Artikulation, Lautstärke, Sprechtempo und Sprechpausen) müssen Ihre Ausführungen sprachlich so formuliert sein, dass sie von den Empfängern ohne Schwierigkeiten verstanden werden.

Untersuchungen einer Hamburger Forschergruppe (Langer/Schulz v. Thun/Tausch) haben ergeben, dass die Verständlichkeit von vier Dimensionen der sprachlichen Gestaltung (sog. Verständlichmacher) abhängt:

- Einfachheit
- Gliederung und Ordnung
- Kürze und Prägnanz
- zusätzliche Stimulanz

Einfachheit

Je einfacher Sie sprechen, umso besser werden Sie verstanden. Die Forderung nach Einfachheit ist nicht neu; Emerson drückte sie wie folgt aus: „*Es ist ein Beweis hoher Bildung, die größten Dinge auf einfachste Art zu sagen.*" Jeder Sachverhalt kann in unkomplizierter Weise mit geläufigen und anschaulichen Formulierungen erläutert werden. Je schwieriger der Inhalt ist, umso wichtiger ist eine einfache Darstellung. Diese Erkenntnis ist vielen bewusst, dennoch wird ständig dagegen verstoßen. Dabei ist es nicht nur der Wissenschaftler, dem nachgesagt wird, dass es sich nicht von seiner Fachsprache lösen kann. Einfachheit erreichen Sie durch

- kurze, grammatikalisch einfache Sätze,
- Umwandlung von Nebensätzen in Hauptsätze,
- Verzicht auf Schachtelsätze,
- Verzicht auf unnötige Fremdwörter,
- bekannte Wörter und zeitgemäße Ausdrücke,
- Verben statt Substantive,
- konkrete Beispiele statt abstrakter Informationen,
- nachvollziehbare Bilder und Vergleiche.

Gliederung und Ordnung

Die Forderung nach Gliederung und Ordnung bezieht sich auf den Aufbau eines Vortrags. Als Orientierungshilfe für die Zuhörer werden die äußere und die innere Ordnung unterschieden.

Die **innere Ordnung** verlangt eine sinnvolle Reihenfolge der Gedanken. Die Sätze und Absätze sind folgerichtig aufeinander bezogen und stehen nicht beziehungslos nebeneinander. Wesentliches wird vom Unwesentlichen unterschieden; der rote Faden bleibt erkennbar.

Durch die **äußere Ordnung** erkennen die Zuhörer den Textaufbau; zusammengehörende Teile werden durch eine überschaubare Anordnung deutlich. Das erreichen Sie sprachlich durch

- Vor- und Zwischenbemerkungen,
- Überschriften und Absätze,
- Hervorhebungen (z.B. von Kerninformationen),

- Zusammenfassungen,
- Reihungen und Aufzählungen,
- Wiederholungen,
- Verweise auf die Gliederung,
- Betonung und Pausen.

Bei einer Präsentation wird die äußere Ordnung zusätzlich durch visuelle Hilfen unterstützt.

Kürze und Prägnanz

Das Gegenteil von Kürze und Prägnanz ist Weitschweifigkeit. Die Länge des Textes muss in einem angemessenen Verhältnis zum Redeziel und zum Schwierigkeitsgrad des Stoffes stehen. Leicht verständliche Informationen werden kurz behandelt, schwierige dagegen ausführlicher. Weitschweifigkeit vermeiden Sie, indem Sie

- rasch zur Sache kommen (nicht bei Adam und Eva beginnen),
- Ziele formulieren und bekannt geben,
- zwischen Kern- und Zusatzinformationen unterscheiden,
- auf überflüssige Erläuterungen verzichten,
- beim Thema bleiben,
- umständliche Formulierungen, Füllwörter und leere Phrasen vermeiden.

Zusätzliche Stimulanz

Viele Redeinhalte sind langweilig und trocken. In solchen Fällen müssen Sie als Rednerin oder Redner das Interesse Ihrer Zuhörer durch „anregende Zutaten" wach halten. Viele Möglichkeiten stehen Ihnen zur Verfügung:

- treffende Beispiele aus der Welt der Zuhörer,
- ein motivierender Anfang,
- ein mitreißender Schluss,
- rhetorische Fragen,
- direktes Ansprechen der Zuhörer,
- Reizwörter oder emotionale Beteiligung der Zuhörer,
- aktives Mittun (z.B. durch Arbeit an der Pinnwand),

- humorige Formulierungen,
- gelungene Zitate,
- eine spontane Pause.

Diese zusätzlichen Stimulatoren müssen in einem ausgewogenen Verhältnis zum übrigen Inhalt stehen. Wer nur noch Witze erzählt, unterhält zwar für eine gewisse Zeit, aber er verfehlt sein Redeziel. Zu viele zusätzliche Stimulatoren können die Übersichtlichkeit und Prägnanz gefährden. Ein schlecht gegliederter Text kann durch zusätzliche Stimulatoren noch schwerer verständlich werden.

4.2 Sprachliche Gestaltung

Die sprachliche Gestaltung eines Vortrags wird als Sprachstil bezeichnet. Ihr individueller Sprachstil ergibt sich aus dem Umgang mit den sprachlichen Mitteln, wie Wortwahl, Satzbau oder auch, wie anschaulich und lebendig Sie sprechen. Maßstab für den richtigen Sprachstil sind die Zuhörer.

4.2.1 Wortwahl an den Zuhörern orientieren

Bei Präsentationen und Vorträgen findet eine Art „innerer Dialog“ statt. Auch wenn nur der Redner spricht, von Beifalls- oder Missfallenskundgebungen des Publikums einmal abgesehen, muss er seine Ausführungen doch so formulieren, dass er seine Zuhörer daran beteiligt. Das wird Ihnen gelingen, wenn Sie die zuvor beschriebenen Forderungen nach „Einfachheit“ und „Kürze“ beachten. Auf die rhetorische Praxis übertragen bedeutet das kurze Sätze und einfache, allgemein verständliche Wörter.

Wichtig:

Wer vor Publikum spricht, muss sich an seinen Zuhörern orientieren. Tut er das nicht, wird er nicht verstanden und die Zuhörer werden abschalten.

Eine Grenze sollte jeder Redner oder jede Rednerin aber beachten: Die Sprache muss zwar dem Thema und dem Zuhörerkreis angepasst sein, sie muss aber auch zur Persönlichkeit (Alter, Herkunft, Bildungsstand usw.) des Redners passen. Der fünfzigjährige Ingenieur wird seinen Fachvortrag auch dann nicht in der Jugendsprache halten, wenn sich sein Publikum überwiegend aus jüngeren Menschen zusammensetzt.

Eine Rede unterscheidet sich deutlich von einem geschriebenen Text. Manche Rednerin oder mancher Redner geben sich bei der Vorbereitung ihres Vortrags viel Mühe. Sie verfassen ein Manuskript mit wohl formulierten Sätzen, inhaltlich vollgepackt und mit stilistischen Feinheiten gespickt. Die Enttäuschung ist groß, wenn dieser Vortrag dennoch nicht ankommt. Sie haben nicht berücksichtigt, dass die Zuhörer ihre Ausführungen nur ein einziges Mal hören. Ein Leser kann einen schwierigen Text wiederholen, ein Zuhörer muss ihn beim ersten Mal verstanden haben.

Wichtig:

Helfen Sie Ihren Zuhörern, dass Ihre Ausführungen ankommen. Finden Sie Formulierungen, bei denen Sie sicher sein können, dass diese verstanden werden.

Thilo v. Trotha hat diesen Gedanken auf eine einfache Formel reduziert: *„Kompliziert denken und einfach reden. Je durchdachter und klarer die Gedanken sind, desto einfacher, verständlicher und schlichter kann unsere Sprache sein.* (v. Trotha, S. 21 f.)

Mit Fremdwörtern sparsam umgehen

Durch einen übermäßigen Gebrauch von Fremdwörtern wird gegen die Forderungen nach Verständlichkeit und Einfachheit besonders häufig verstoßen. Ein Vortrag wird durch eine Häufung von Fremdwörtern nicht besser, sondern lediglich schwerer verständlich.

Wichtig:

Fremdwörter sollten sparsam und dem Bildungsstand der Zuhörer angemessen eingesetzt werden. Verzichten Sie auf Fremdwörter, wenn diese leicht durch deutsche Wörter zu ersetzen sind.

Es sollte nicht das Ziel eines Redners sein, dem Publikum seinen hohen Bildungsgrad zu demonstrieren, sondern er sollte informieren oder überzeugen. Gegen Fremdwörter ist nichts einzuwenden,

- wenn ein treffendes deutsches Wort fehlt oder es keine angemessene Übersetzung gibt (z.B. Marketing, Trend, Discounter),
- wenn sie sich in die Umgangssprache eingebürgert haben (z.B. Computer, Baby, Mountainbike).

Außerdem muss sicher sein, dass Redner und Zuhörer unter einem bestimmten Begriff dasselbe verstehen.

Mit Fremdwörtern sparsam umgehen

Fachbegriffe erklären

Ebenso wie Fremdwörter werden sich auch Fachbegriffe manchmal nicht vermeiden lassen. Das ist bei Fachthemen vor Fachleuten kein Problem. Wenn jedoch Laien dabei sind, muss der Fachbegriff unbedingt erläutert werden. Das gilt auch für Abkürzungen, die nicht allgemein bekannt sind. Denken Sie einmal zurück an ihren letzten Arztbesuch. Hat der Arzt seine Fachsprache verwendet oder aber seine Diagnose und Therapie so vorgetragen, dass Sie alles verstanden haben?

Wichtig:

Versetzen Sie sich bei Ihren Vorträgen und Präsentationen in die Rolle der Zuhörer und prüfen Sie, ob die verwendeten Begriffe zusätzlich erklärt werden müssen.

Denken Sie daran, dass Sie durch Ihre Präsentation überzeugen oder informieren möchten. Sie werden Ihr Präsentationsziel nur erreichen, wenn Sie verstanden werden. Molière hat die Forderung nach Verständlichkeit auf einen kurzen Nenner gebracht: „*Wer so spricht, dass er verstanden wird, spricht gut.*“

Vorsicht vor Modewörtern

Eine Mega-Formulierung, die heute definitiv noch total cool und voll der Hit war, ist morgen schon wieder out. Modewörter wird es jederzeit geben. Im Vortrag sollten sie grundsätzlich vermieden werden, denn sie werden vom kritischen Zuhörer als einfallslos empfunden. Wenn Sie Modewörter einsetzen, so wie im ersten Satz dieses Absatzes, dann lassen Sie durch Betonung und Körpersprache deutlich erkennen, dass Sie diese Wörter bewusst (ironisch!) gebraucht haben.

Auch Schlagwörter aus der Politik oder Werbung sollten Sie nur nach reiflicher Überlegung verwenden. Prüfen Sie genau, ob nicht durch eine solche Formulierung eine falsche Richtung in Ihre Aussage kommt.

Füllwörter und Verlegenheitslaute

Die beiden bekanntesten Verlegenheitslaute sind die Ausdrücke „äh“ und „nh“. Ein Seminarteilnehmer hat sie einmal recht zutreffend als Denkgeräusche bezeichnet. Lassen Sie sich von Freunden oder der Familie überprüfen, um zu erfahren, ob Sie zu solchen Überbrückungslauten neigen.

Für Abhilfe können Sie durch Training sorgen. Konzentrieren Sie sich bei Übungsvorträgen darauf, Verlegenheitslaute zu vermeiden. Erinnern Sie sich durch Regieanweisungen in Ihren Redeunterlagen an diese Schwäche. Es ist dann nur eine Zeitfrage, wie Sie ohne diese Störer sprechen können.

Drücken Sie Handlungen mit Verben aus

Eine typische Schwäche vieler Redner ist der übermäßige Gebrauch von Substantiven. Auf lebendige Verben wird zu Gunsten von starren Substantiven verzichtet. Die „Substantivitis" kommt in verschiedenen Spielarten vor. Besonders beliebt sind die Umwandlung von Verben in Substantive mit der Endsilbe „-ung" (Erreichung, Findung, Erteilung) und die so genannten Streckverben. Streckverben ergeben sich, wenn Verben durch eine Kombination aus Hauptwort und (schwachem) Verb ersetzt werden:

- „Dank abstatten" statt „bedanken"
- seinem Bedauern Ausdruck geben" statt „bedauern"
- einen Beschluss ergehen lassen" statt „beschließen"
- unter Beweis stellen" statt „beweisen"

Übung: Persönlicher Wortschatz

- Schlagen Sie Wörter nach, auf die Sie beim Lesen stoßen und deren Bedeutung Ihnen nicht geläufig ist.
- Sammeln Sie Wörter und Wortwendungen, die Sie hören und lesen und die Ihnen zusagen (z.B. in einem Zettelkasten).
- Beteiligen Sie sich an Diskussionen; dabei können gelungene Formulierungen anderer Teilnehmer aufgegriffen und wiederholt werden.

Übungsziel: Erweiterung des persönlichen Wortschatzes

Übung: Texte wiedergeben

Lesen Sie Texte oder Textpassagen in Zeitungen oder Zeitschriften einige Mal durch und geben Sie diese dann frei wieder. Bei größeren Texten können Sie die Kerngedanken bzw. Wörter und Wendungen, die Sie unbedingt verwenden wollen, auch notieren. Machen Sie Tonbandkontrollen.

Übungsziel: Erweiterung des persönlichen Wortschatzes

Übung: Beschreiben

Beschreiben Sie kleine Geschehnisse, Gegenstände (Bilder, Maschinen) oder Personen. Verwenden Sie dabei eine möglichst bildhafte Sprache.

Übungsziel: Erweiterung des persönlichen Wortschatzes

Übung: Sinnverwandte Begriffe suchen

Finden Sie jeweils mindestens zehn sinnverwandte Begriffe (Synonyme) für bestimmte, viel verwendete Wörter.

Gehen: Laufen, rennen, rasen, sausen, schleppen ....
Sagen: ....
Hören: ....
Machen: ....
Arbeiten: ....
Sprechen: ....
Schreiben: ....
Meinung: ....
Einwand: ....

Führen Sie diese Übungen mit anderen Wörtern durch, die sich bei Ihren Themen häufig wiederholen.

Übungsziel: Abwechslungsreichere Wortwahl

4.2.2 Kurze Sätze sind das Geheimnis des guten Redners

Die Forderung nach kurzen Sätzen ist ein Grund, warum sich viele Rhetorik-Trainer, wie auch der Autor dieses Buches, gegen das voll ausgearbeitete Manuskript aussprechen. Wer sein Manuskript bis ins letzte Wort ausarbeitet, bemüht sich zwangsläufig um geschliffene, ausgefeilte Wendungen. Es wird zu viel in einen Satz gepackt und Bandwurm- und Schachtelsätze werden sich nicht vermeiden lassen. Eine solche, in langer Vorbereitung entstandene Formulierung muss von den Zuhörern in dem Augenblick verstanden werden, in dem sie ausgesprochen wird. Mag der Satz auch auf dem Papier perfekt erscheinen, so wirkt er dennoch hölzern, wenn er vorgetragen wird. Sätze mit mehr als 15 Wörtern werden von rund der Hälfte der Erwachsenen nicht mehr verstanden.

Hauptsätze verwenden

Jeder Hauptgedanke gehört in einen eigenen Hauptsatz. Allerdings soll eine Rede nicht im Telegrammstil gehalten werden. Diese Gefahr besteht, wenn ausschließlich kurze Hauptsätze aneinandergereiht werden. Sie müssen auf Nebensätze nicht völlig verzichten. Weniger wichtige Gedanken können in Nebensätzen untergebracht werden. Wenn aber Nebensätze sein müssen, dann immer nur einen pro Satz.

Keine Schachtelsätze

Schachtelsätze (Einschiebungen) sollten Sie weitgehend vermeiden. Ich erinnere nochmals daran, die Zuhörer müssen Ihre Ausführungen beim einmaligen Hören verstanden haben.

Beispiel: In einer Veröffentlichung des Kultusministeriums eines deutschen Bundeslandes zur gymnasialen Oberstufe steht folgende doppelte Verschachtelung: *Auf die Pflichtstundenzahl werden die drei Wochenstunden des künstlerischen Faches, das ein Schüler, der innerhalb der Pflichtstundenzahl kein künstlerisches Fach belegt hat, in der Jahrgangsstufe 12 belegen muss, nicht angerechnet.*
Überprüfen Sie einmal, ob Sie diesen Satz beim einmaligen Hören verstehen.

Nicht unnötig aufblähen

Viele Redner blähen ihre Aussage auf, indem sie einen Gedanken mit den Wörtchen „würde" („*Ich würde sagen*" oder „*Ich würde meinen*") und „möchte" („*Ich möchte darauf hinweisen*" oder „*Ich möchte begrüßen*") einleiten. Selbst manche profilierten Redner machen davon keine Ausnahme. Mag der Redner auch noch so berühmt sein, dadurch wird die Aussage nicht besser. Es gibt zwei Erklärungen für die häufige Verwendung. Zum einen werden diese beiden Wörtchen, gerade weil sie auch von anderen Rednern so oft gebraucht werden, gedankenlos übernommen. Zum andern handelt es sich um Unsicherheit oder eine unbewusste Scheu vor einer uneingeschränkten Aussage. Der Redner hat sich doch zum Ziel gesetzt, seine Zuhörer zu überzeugen und zu einem bestimmten Verhalten zu veranlassen. Dann muss er auch dazu stehen und das deutlich äußern.

Beispiele:

- Nicht "Ich würde vorschlagen, jetzt eine Pause zu machen" sondern "Ich schlage vor, dass wir jetzt eine Pause machen".
- Nicht „Ich würde meinen, wir sollten jetzt zur Abstimmung kommen" sondern „Ich bin der Meinung, dass wir jetzt zur Abstimmung kommen" oder noch besser „Stimmen wir ab".
- Stellen Sie sich einmal vor, wie überzeugend ein Politiker auf Sie wirkt, der seine Ausführungen mit der Formulierung beendet „Ich würde meinen, sie sollten am kommenden Sonntag die XY-Partei wählen".

Wer einen Gast begrüßt, der vollzieht diese Aufgabe doch bereits und hat sie nicht noch vor sich („möchte"). Auch dass begrüßt wird, muss dem Auditorium nicht gesagt werden, das ergibt sich aus der Situation.

Beispiel: Nicht *„Meine Damen und Herren, ich möchte Sie herzlich begrüßen......"* sondern *„Meine Damen und Herren, ich begrüße Sie herzlich......"* oder noch besser *„Guten Tag, meine Damen und Herren, herzlich willkommen......"*.

4.2.3 Redefiguren

In Kapitel 3 wurde ausführlich dargestellt, wie Sie Ihre Vorträge und Präsentationen durch Hilfsmittel unterstützen können. Durch die Visualisierung ausgewählter Gedanken regen Sie das bildhafte Denken des Publikums an. Bilder können Sie auch auf der „inneren Leinwand" der Zuhörer durch den Einsatz von Redefiguren entstehen lassen. Redefiguren sind vom normalen Sprachgebrauch bewusst abweichende Redewendungen zur Belebung der Rede. Sie machen dem Zuhörer das Gesagte über gedankliche Vorstellungen und Bilder zugänglicher. Nach ihrer sprachlichen Wirkung dienen Redefiguren entweder einer erhöhten Anschaulichkeit und Aufmerksamkeit oder sie werden zur Verstärkung bestimmter Aussagen eingesetzt.

Metapher

Eine der am meisten verwendeten Redefiguren ist die Metapher. Bei der Metapher wird ein Wort oder eine Wortgruppe aus dem ursprünglichen Bedeutungszusammenhang in einen anderen übertragen.

Beispiele:

- Es herrschte Ebbe in der Kasse
- Die Vorlage der Bilanz schlug wie eine Bombe ein
- Die Blüten ihrer Phantasie erstaunten

Mit der Metapher verwandt ist die Metonymie. Ein Wort wird im übertragenen Sinne anstelle des gebräuchlichen Begriffs gebraucht:

Beispiele:

- „Die Brüsseler Bürokraten" statt die Europäische Kommission
- „Paragrafenreiter" statt Beamte
- „Freund und Helfer" oder „Auge des Gesetzes" für die Polizei

Zitate und Sprichwörter

Das Zitat wurde bereits als Möglichkeit genannt, um einen Vortrag zu beginnen. Durch Zitate kann ein Gedanke zusätzlich veranschaulicht oder untermauert werden. Wenn das Zitat von einer bekannten Persönlichkeit stammt, dann werden die Ausführungen durch die Autorität des Urhebers gestützt.

Die Formulierungen *„Ich zitiere"* und *„Zitat Ende"* sind nur bei sehr langen Zitaten erforderlich. Bei kurzen Zitaten genügt es, wenn Sie am Anfang des Zitats mit Ihrer Stimme etwas variieren und am Zitatende eine deutliche Sprechpause machen.

Nicht hinter jedem Zitat muss ein großer Name stehen. Im Fachvortrag werden auch Äußerungen des nicht ganz so berühmten Kollegen oder Passagen aus dem Fachbuch zitiert. Auch die Originalität eines Zitats kann ausreichen, um die gewünschte Wirkung zu erzielen.

Beispiel: Ein Kollege musste wegen gesundheitlicher Probleme vorzeitig pensioniert werden. Er wurde von seinem Fachbereich auf einer kleinen Feier verabschiedet. Seine Dankesrede hat er wie folgt begonnen: *„Meine Damen und Herren, in dem Buch ‚Über die richtige Bestimmung einiger Wörter der deutschen Sprache' von E. Stosch aus dem Jahre 1770 habe ich folgende Definition gefunden: ‚Wer seines Amtes erlassen wird, ist alters- und schwachheitshalber nicht mehr tüchtig, dasselbe zu verwalten. Man erlasset ihn, damit er seine Tage in Ruhe zubringen soll'."*
Die antiquierte Formulierung war ausreichend, um beim Publikum das notwendige Interesse für die weiteren Ausführungen zu wecken. Zusätzlich konnte er mehrfach auf die Formulierung *„schwachheitshalber nicht mehr tüchtig"* zurückgreifen, um in ironischer Form auf seinen eigenen Gesundheitszustand einzugehen.

Eng mit Zitaten verwandt sind Sprichwörter. Ein Sprichwort ist ein im Volksmund umlaufender kurzer Spruch, der in behauptender Form eine Lebenserfahrung enthält. Manche Zitate sind zum Sprichwort geworden.

Beispiele:
- „Eine alte Kuh gar leicht vergisst, dass auch sie ein Kalb gewesen ist" (Deutsches Sprichwort).
- „Liebe Deinen Nachbarn, aber lasse den Zaun stehen" (Deutsches Sprichwort).
- „Rotwein ist für alte Knaben eine von den besten Gaben" (Wilhelm Busch).

Bildhafte Sprache

Je abstrakter die Sprache, umso größer sind die Anforderungen an das Vorstellungsvermögen des Publikums. Durch Vergleiche, Beispiele und Bilder wird dagegen die Anschaulichkeit erhöht. Ihre Ausführungen werden lebendiger, abwechslungsreicher und verständlicher. Sie führen Ihre Zuhörer zum bildhaften Denken und erleichtern diesen, das Vorgetragene auf die eigene Situation zu übertragen. Einen überzeugenden Beweis für eine bildhafte Sprache liefert die Bibel. Auch wer sich seit der Schule nicht mehr damit befasst hat, kann sich wegen der Gleichnisse (z.B. „Der verlorene Sohn“) noch an manche Stelle im Neuen Testament erinnern.

Durch Vergleiche können Sie das Neue in Ihren Ausführungen mit bereits Bekanntem verknüpfen. Damit erscheinen neue Gedanken in einem vertrauten Gewand und die Zuhörer sind leichter dafür zu gewinnen. Besonders überzeugend sind Beispiele, die aus dem Problemfeld der Zuhörer stammen. Durch Formulierungen wie *„Stellen Sie sich einmal Folgendes vor“* oder *„Nehmen Sie einmal an“* lenken Sie das Denken der Zuhörer in die gewünschte Richtung.

Wiederholungen einbauen

Durch Wiederholungen wird eine Aussage vertieft und es wird verdeutlicht, worauf es wirklich ankommt; außerdem wird das Behalten gefördert. Damit ist den Zuhörern mehr gedient, als wenn es durch eine Überfülle an Informationen überfordert wird.

Beispiel: *„Wir müssen alle, ich wiederhole nochmals, alle an einem Strang ziehen.“*

Die Anapher ist eine Wiederholung eines oder mehrerer Wörter zu Beginn aufeinander folgender Sätze oder Satzteile.

Beispiel: In diesem Buch beginnt der Abschnitt 2.4.1 Vorbereitung der Redeunterlagen mit einer Anapher: *„Frei sprechen bedeutet* nicht, einen Text auswendig lernen und vor dem Publikum aus dem Gedächtnis wiedergeben. *Frei sprechen bedeutet* auch nicht, ohne jegliche Vorüberlegungen aufzutreten. *Frei sprechen bedeutet* vielmehr, die Gedanken anhand wohl überlegter und gegliederter Stichworte frei und spontan zu formulieren.“

Neben der wörtlichen Wiederholung einzelner Formulierungen kann ein entscheidender Gedanke auch durch erläuternde Beispiele, Zusammenfassungen, zusätzliche Bezüge oder Synonyme nochmals sinngemäß betont werden. Wiederholungen dieser Art müssen keinen Widerspruch zur Forderung nach Kürze und Prägnanz darstellen. Sie dienen dem Verständnis und fördern das Behalten.

Wichtig:

Für alle Redefiguren gilt: Wählen Sie sorgsam aus und setzen Sie das Stilmittel sparsam ein. Speziell bei Wiederholungen gilt es abzuwägen, ob ein Gedanke durch die Wiederholung vertieft wird oder ob sich das Publikum langweilt.

4.2.4 Rhetorische Fragen verwenden

Zu den Redefiguren zählt auch die schon bei den Einstiegsmöglichkeiten erwähnte rhetorische Frage. Sie ist eines der wirksamsten und vielseitigsten sprachlichen Mittel, das dem Redner zu Verfügung steht und wurde bereits von den großen Rednern des Altertums empfohlen: *„Der vollkommene Redner wird durch rhetorische Fragen seinem Standpunkt Nachdruck verleihen; er wird sich selbst sozusagen wie auf gestellte Fragen antworten“ (Cicero).* Der richtige Einsatz der rhetorischen Frage hat mehrere Vorteile.

Die Zuhörer werden zum Mitdenken gebracht

Während des Vortrags kann die rhetorische Frage eingesetzt werden, um die Aufmerksamkeit der Zuhörer zu gewinnen oder wiederzugewinnen. Ein in Frageform ausgesprochener Gedanke weckt die Zuhörer, so dass diese dem Redner wieder folgen. Durch die rhetorische Frage entsteht zwischen dem Redner und seinem Publikum eine Art mentaler Dialog. Zwar sprechen die Zuhörer ihre Antwort nicht aus, aber sie befassen sich mit dem angesprochenen Gedanken. Wer um seine Meinung gefragt wird, ist eher bereit, nach einer Antwort zu suchen, als wenn diese schon vorgegeben wird.

Beispiele:

- „Was für Vorteile gibt es?" (Pause!) „Erstens......"
- „Sollen wir nun zustimmen oder nicht?" (Pause!) „Ich bin der Meinung......"
- „Was können wir zum Erhalt unserer Umwelt beitragen?" (Pause!) „Der letzte Vorschlag der..."

Widerspruch vermeiden

Forderungen an die Zuhörer sowie kritische oder provozierende Äußerungen können durch die rhetorische Frage etwas entschärft werden. Im Gegensatz zur Behauptung lässt die Frageform dem Zuhörer noch den Spielraum, ob er einem Gedanken folgen will oder nicht. Dem Zuhörer wird damit das Gefühl vermittelt, die Antwort (Meinung) selbst gefunden zu haben.

Beispiel:
Auf einer Betriebsversammlung wird darüber diskutiert, ob samstags wieder gearbeitet werden soll. Vergleichen Sie die Wirkung der beiden folgenden Formulierungen:

- „Liebe Kolleginnen und Kollegen, um die Maschinen besser zu nutzen und die Arbeitsplätze zu erhalten, müssen wir wieder samstags arbeiten!" oder
- „Liebe Kolleginnen und Kollegen, sollten nicht auch wir wieder samstags arbeiten, um die Maschinen besser zu nutzen und damit die Arbeitsplätze zu erhalten?"

Mehrere rhetorische Fragen hintereinander

Die Wirkung kann noch verstärkt werden, wenn mehrere rhetorische Fragen hintereinander gestellt werden. Diese müssen allerdings inhaltlich zusammenhängen und sollten sich möglichst steigern.

Beispiel: Ein Vortrag über die Verkehrsberuhigung in einem Wohngebiet:

- „Wann geschieht etwas?"
- „Wie lange sieht die Verwaltung noch zu?"
- „Muss erst ein Kind sterben, ehe gehandelt wird?"

Wie jedes Stilmittel muss auch die rhetorische Frage dosiert eingesetzt werden. Werden zu viele rhetorische Fragen gestellt, wird das vom Publikum als belehrend empfunden und die Wirkung wird sich abnutzen.

Übergang zu einem neuen Gedanken

Die rhetorische Frage ist auch ein elegantes Mittel, um einen neuen Abschnitt (Kapitel, Gedanken, Teilaspekt) einzuleiten.

Beispiele:

- „Soweit die Problemsituation. Was für Lösungen kann ich Ihnen nun vorschlagen?"
- „Das war der Blick zurück. Wie soll es nun im neuen Jahr weitergehen?"

Wie stellen Sie nun sicher, dass Sie im richtigen Augenblick auch an die rhetorische Frage denken? Wenn Sie in einem Vortrag an einer ganz bestimmten Stelle eine rhetorische Frage stellen wollen, dann setzen Sie im Stichwortmanuskript vor das entsprechende Stichwort ein Fragezeichen.

Im Rhetorik-Seminar hat es sich gezeigt, dass viele Teilnehmer die rhetorische Frage bereits in ihrem sprachlichen Repertoire hatten. Überprüfen Sie einmal, wie es bei Ihnen aussieht.

4.2.5 Dialekt oder Schriftdeutsch

Mancher Redner glaubt, wegen der mundartlichen Färbung seiner Sprache nicht verstanden zu werden und scheut sich deshalb, vor sein Publikum zu treten. Tatsächlich ist dieses Problem wesentlich kleiner als viele es vermuten. Als erstes kommt es darauf an, vor welchem Zuhörerkreis Sie sprechen. Wenn Ihre Zuhörer nur Dialekt gewohnt sind, dann wäre ein Vortrag in bühnenreifem Hochdeutsch ebenso problematisch wie umgekehrt, wenn Sie in breitem Dialekt sprechen vor einem Publikum, das Schriftdeutsch erwartet. Auch der Redeanlass spielt eine Rolle: Die Gelegenheitsrede im Freundeskreis oder die kurze Ansprache des Meisters vor seinen Mitarbeitern unterscheiden sich vom großen Fachvortrag.

Entscheidend ist, dass Sie verstanden werden. Dazu ist kein absolutes Schriftdeutsch erforderlich. Wenn Sie grammatikalisch einwandfrei sprechen, dann wird eine leichte Dialektfärbung, die erkennen lässt, in welcher Region Sie aufgewachsen sind, akzeptiert. Damit ist es auch nicht erforderlich, durch intensives Training die letzten Anklänge an die gewohnte Mundart auszumerzen. Im Gegenteil, leichte Dialektfärbungen machen den Redner eher sympathischer und menschlicher. Er wirkt natürlicher als ein Redner, der sich krampfhaft um ein absolut reines Hochdeutsch bemüht.

Ein breites „Platt", gleichgültig aus welcher Region, sollte dagegen vermieden werden. Ausnahmen von dieser Regel gibt es nur, wenn der Dialekt bewusst als rhetorisches Mittel eingesetzt wird (Gelegenheitsrede, Büttenrede, Heimatabend).

Vorsicht ist geboten, wenn kurze Passagen einer sonst in Hochdeutsch vorgetragenen Rede als „Gag" im Dialekt gesprochen werden. Das sollten Sie nur tun, wenn Sie mit den gewählten Dialektformulierungen absolut sicher sind. Selbst dann ist nicht auszuschließen, dass solche Ausflüge von denjenigen, die den verwendeten Dialekt regelmäßig sprechen, als missglückte Anbiederung verstanden werden.

4.3 Wirkungsvolles Sprechen (Sprechtechnik)

Wer hat sich nicht schon dabei ertappt, dass er bei einem Vortrag zwar die „akustische Berieselung", aber nicht den Inhalt wahrgenommen hat. Die Ursachen dafür können beim Redner oder beim Publikum liegen. Es reicht nicht, gute Gedanken in passende Worte zu kleiden, diese müssen auch richtig vorgetragen werden. Wer seine Ausführungen monoton herunterleiert, wird nicht überzeugen.

Ebenso wie die Sprache ist auch die Sprechtechnik ein wichtiger Erfolgsfaktor beim Reden. Das Engagement eines Redners kann besonders deutlich am Einsatz der sprechtechnischen Mittel beobachtet werden. Zur Sprechtechnik gehören

- die Artikulation,
- die Lautstärke,
- das Sprechtempo und
- die Sprechpausen.

Eine wesentliche Voraussetzung für eine gute Sprechtechnik ist eine richtige Atmung.

Wichtig:

Nutzen Sie die Möglichkeiten Ihrer Stimme. Wechseln Sie zwischen laut und leise, zwischen schnell und langsam, heben und senken Sie die Stimme und machen Sie im richtigen Moment Pausen.

Die Erfahrung im Rhetorik-Seminar hat gezeigt, dass die sprechtechnischen Qualitäten der meisten Teilnehmer viel besser waren, als es diese selbst wahrhaben wollten. Ein Großteil der Probleme resultiert aus der mangelnden Sicherheit. Je häufiger Sie frei sprechen, umso mehr verlieren Sie die Angst. Damit normalisiert sich die Atmung, denn sie wird gleichmäßiger und ruhiger. Das Sprechtempo wird langsamer und die Aussprache deutlicher. Die Pausensetzung wird bewusster und die Anzahl der ungewollten Füllwörter geht zurück.

4.3.1 Artikulation

Viele Menschen sind vom Klang ihrer Stimme enttäuscht, wenn sie diese zum ersten Mal über Tonaufnahmen hören. Stören Sie sich daran nicht, im Rhetorik-Seminar konnten wir regelmäßig feststellen, dass immer nur die Betreffenden selbst mit der eigenen Stimme unzufrieden waren. Unser Umfeld ist dagegen an unsere Stimme gewöhnt und empfindet sie als normal. Lassen Sie sich das von der Familie, von Freunden oder Bekannten bestätigen und akzeptieren Sie Ihre Stimme, wie sie ist.

Variieren können wir allerdings in der Klangfarbe zwischen hell, mittel und dunkel. Je nach Gemütsverfassung sprechen wir höher oder tiefer. Manche Menschen bringen, wenn sie besonders aufgeregt sind, nur noch Piepstöne zustande. Durch einen Wechsel in der Klangfarbe können wir bewusst Abwechslung in unsere Sprache bringen. Tragen Sie Ihre Ausführungen weitgehend in mittlerer Tonlage vor. Das ist die Tonlage, bei der das Sprechen am leichtesten fällt. Ausrufende und auffordernde Aussagen können mit etwas hellerem Klang gesprochen werden, die dunklere Tonlage eignet sich mehr für besinnliche Gedanken.

Wichtiger als der Klang der Stimme ist eine deutliche Aussprache. Kontrollieren Sie sich selbst mit einer Tonaufnahme oder lassen Sie sich überprüfen, ob Sie deutlich genug sprechen. Wenn Ihnen eine deutliche Aussprache bestätigt wird, dann sollten Sie keine weitere Zeit auf eine Änderung der Stimme verwenden. Wenn Sie dagegen undeutlich sprechen, dann sollten Sie sich durch Training um eine bessere Aussprache bemühen. Undeutlich und schwer verständlich wird Ihr Sprechen, wenn Sie Silben (besonders Endsilben) verschlucken. Durch eine saubere Aussprache der Endsilben verbessern Sie auch die Atmung. Weitere sprechtechnische Unarten sind in den Bart nuscheln und Quetschen. Quetschen heißt, der Redner nimmt die Zähne nicht auseinander. Eine andere Nachlässigkeit ist die bei vielen Rednern anzutreffende undeutliche Aussprache der Konsonanten. Achten Sie vor allem darauf, dass Sie ähnliche klingende Konsonanten wie „b“ und „p“, „d“ und „t“ sowie „g“ und „k“ sauber unterscheiden. Bei Vokalen kann es zwischen „ä“ und „e“ sowie „ü“ und „i“ zu gleich oder ähnlich klingender Aussprache kommen.

Die Artikulation kann durch sprechtechnische Übungen verbessert werden. Nehmen Sie sich den berühmten griechischen Redner Demosthenes zum Vorbild, dem ein Lehrer empfohlen hat, mit einem Kieselstein im Mund gegen die Brandung des Meeres anzureden. Dank dieser Übung soll es ihm gelungen sein, seine ursprünglich schwächliche Stimme zu einem kräftigen, wohlklingenden Organ zu entwickeln. Statt des Kieselsteines wird heute ein Korken empfohlen, allerdings nicht im Mund, sondern zwischen den Zähnen. Falls Sie sprechtechnische Probleme haben, dann finden Sie im Übungsteil die passenden Übungen.

Ein weiterer Baustein einer korrekten Artikulation ist die Betonung. Sie wird teilweise durch das Sprechtempo beeinflusst. Ein mäßiges Sprechtempo trägt zu einer deutlicheren Aussprache bei und ermöglicht, sinntragende Wörter und Silben zu betonen. Je nach Betonung einzelner Wörter oder Satzteile kann derselbe Satz völlig unterschiedliche Bedeutung haben.

Beispiel: *Peter hat mir sein Fahrrad geliehen!* (Ausgerechnet Peter, der mich sonst immer ärgert)
Peter hat mir sein Fahrrad geliehen! (Mir hat er es geliehen und keinem anderen)
Peter hat mir sein Fahrrad geliehen! (Sein Fahrrad, nicht das von Klaus)
Peter hat mir sein Fahrrad geliehen! (Das Fahrrad, das ihm heilig ist)
Peter hat mir sein Fahrrad geliehen! (geliehen, nicht geschenkt oder verkauft)

4.3.2 Mit der Lautstärke variieren

Für die Lautstärke kann kein allgemein gültiger Wert angegeben werden. Die notwendige Grundlautstärke hängt vom Thema, den Zuhörern und der Umgebung ab. Prüfen Sie bei größerem Publikum, ob Sie auch in der letzten Reihe noch verstanden werden. Wenn Sie sich nicht sicher sind, ob Ihre Lautstärke der Situation angemessen ist, dann lassen Sie sich von einem guten Freund überprüfen. Wer sehr deutlich spricht, wird besser verstanden und muss nicht so laut sprechen.

Deutlich sprechen

Zu lautes Sprechen ist oft spannungsbedingt; zu leises Sprechen kann ein Zeichen von Schüchternheit sein. Auch die Lautstärke kann dramaturgisch eingesetzt werden. Durch einen Wechsel in der Lautstärke können Sie für Dynamik und Abwechslung sorgen.

Wenn Sie vorübergehend leise (aber nicht zu leise) sprechen, zwingen Sie das Publikum zu größerer Konzentration. Ein Kerngedanke, eine Forderung oder ein Appell können auch einmal betont laut ausgesprochen werden.

4.3.3 Wechseln Sie das Sprechtempo

Das Sprechtempo hängt vom Temperament und der Mentalität eines Redners ab. Zusätzlich wird es vom Vortragsinhalt und der jeweiligen Situation beeinflusst. Bei öffentlichen Redegelegenheiten können Sie beobachten, dass viele Redner zum Schnellsprechen neigen. Im Seminar hat sich gezeigt, dass Teilnehmer, die bisher sehr schnell gesprochen haben, trotz ständiger Hinweise kaum zu bremsen waren. Es ist z.B. wesentlich schwieriger, einen Schnellsprecher auf normale Geschwindigkeit zu polen, als einen fehlenden Blickkontakt aufzubauen.

Wichtig:

Wer zu schnell spricht, gefährdet die Verständlichkeit und überfordert die Aufnahmefähigkeit der Zuhörer. Wichtige Aussagen gehen verloren.

Redner neigen besonders dann zum schnellen Sprechen, wenn sie ein Thema gut beherrschen. Der Redner geht zumeist unbewusst von seinem eigenen Wissensstand aus und vergisst, dass für die Zuhörer die meisten Gedanken völlig neu sind. Was für den Redner selbstverständlich ist, muss der Zuhörer zunächst geistig verarbeiten.

Wesentlich seltener wird zu langsam gesprochen. Ursachen können neben der Mentalität des Redners eine schlechte Vorbereitung und mangelnde Konzentration sein. Bei zu langsamem und oft damit verbundenem monotonen Sprechen langweilen sich die Zuhörer und schalten ab.

Ein allgemein gültiger Wert für das Sprechtempo kann nicht angegeben werden. In der Literatur (Birkenbihl, S. 71 ff.) werden folgende Orientierungsgrößen genannt:

- Etwa 200 Silben pro Minute ergeben ein relativ langsames Sprechen;
- etwa 350 Silben pro Minute ergeben ein relativ normales Sprechen;
- etwa 500 Silben pro Minute ergeben ein relativ schnelles Sprechen.

Diese Zahlen gelten für die deutsche Sprache. Unsere Mitbürger aus südlichen Ländern (z.B. Italien, Spanien) haben häufig eine höhere Normalgeschwindigkeit.

Wechseln Sie mit dem Sprechtempo, setzen Sie es als dramaturgisches Mittel ein. Je wichtiger ein Gedanke ist, umso langsamer sollte er ausgesprochen werden. Durch Tempoverzögerungen können Sie zusätzlich Spannung erzeugen. Also drosseln Sie, wenn Sie einen Gedanken besonders herausstellen wollen und beschleunigen Sie danach wieder.

Wichtig:

Ein ständig gleich bleibendes Sprechtempo schläfert ein. Sie tragen zum besseren Verständnis beim Publikum bei, wenn Sie ihm über das Sprechtempo, die Lautstärke und Sprechpausen Hilfestellung geben.

Wenn Sie über das richtige Sprechtempo im Zweifel sind, dann sprechen Sie eher etwas langsamer als schneller.

4.3.4 Gönnen Sie sich und Ihrem Publikum Pausen

Durch Sprechpausen kann ein zu schnelles und hektisches Sprechtempo zumindest teilweise wieder ausgeglichen werden. Außerdem ist die Pause ein wichtiges rhetorisches Wirkungsmittel. Leider machen viele Redner zu wenige und vor allem zu kurze Sprechpausen. Manche Redner haben keinen Mut für eine ausreichende Pause, weil sie befürchten, das Schweigen könnte vom Publikum als „Hängen bleiben" verstanden werden.

Die Dauer einer Sprechpause wird vom Redner und den Zuhörern völlig unterschiedlich eingeschätzt. Der Redner glaubt schon nach zwei oder drei Sekunden weiter sprechen zu müssen; tatsächlich werden selbst Pausen von sieben bis acht Sekunden vom Zuhörer noch nicht einmal wahrgenommen (Mohler, S. 274).

Richtig gesetzte Sprechpausen verbessern den Vortrag und nützen dem Redner:

- Pausen sind neben den Veränderungen im Tonfall ein Mittel, um die Interpunktion einer Aussage (Satzende, Kommata, Absätze, Gedankenstriche usw.) sprachlich auszudrücken.

Beispiele:

- Ein bekanntes Beispiel ist der folgende Satz aus Wilhelm Tell: *„Der brave Mann denkt an sich selbst zuletzt."* Ein Komma und damit eine Pause zwischen den Wörtern „sich" und „selbst" würde zu einem völlig anderen Sinn führen.
- Auch der folgende Satz führt je nach Komma- und Pausensetzung zu unterschiedlichen Aussagen: *„Der Lehrer sagt, der Schüler sei ein Esel."* oder *„Der Lehrer, sagt der Schüler, sei ein Esel"*.

- Die inhaltliche Gliederung in Abschnitte kann durch Pausen verdeutlicht werden.
- Durch bewusst gesetzte Sprechpausen können dramaturgische Effekte erzielt werden, indem Sie Spannung erzeugen und Höhepunkte in Ihren Ausführungen (Kernaussagen, Thesen, Forderungen, Fazit usw.) vorbereiten.
- Die „Pause vor dem Vortrag" ist ein wirkungsvolles Mittel, um die erforderliche Ruhe herzustellen; statt in Worten um Ruhe zu bitten, lässt der Redner den Blick über das Auditorium schweifen.
- Während des Vortrags kann z.B. bei unqualifizierten Zwischenrufen ein intensiver Blick, verbunden mit einer Sprechpause, bereits ausreichend sein.
- Der Redner benötigt die Pause auch, um Atem zu holen und um beim Sprechdenken den nächsten Gedanken zu formulieren.
- Die Pause hilft dem Redner außerdem, zu kontrollieren, ob er verstanden wurde und zu prüfen, ob er mit seinen Ausführungen ankommt.

Die Sprechpause nützt auch dem Zuhörer, denn sie verschafft ihm die notwendige Zeit, um nachzudenken und das Gehörte gedanklich einzuordnen. Pausen können auch notwendig sein, um die Wirkung mancher Aussagen (z.B. eine provozierende These) zu „verdauen". Nach einer gelungenen Pointe gibt die Pause dem Zuhörer die Möglichkeiten zum Lachen oder Schmunzeln und auch ein Zitat erzielt nur die erwünschte Wirkung, wenn es gedanklich verarbeitet werden kann.

Übung: Laut lesen

Die einfachste Übung ist, laut und deutlich zu lesen. Nehmen Sie Übungstexte oder Texte, die Sie sowieso lesen würden (Zeitung, Zeitschriftenartikel). Achten Sie auf die Aussprache, die Lautstärke und das Sprechtempo. Kontrollieren Sie Ihre Aussprache durch Tonaufzeichnungen.

Übungsziel: Verbesserung der Aussprache

Übung: Texte kodieren

Wenn Sie mit der Sprechqualität beim Lesen nicht zufrieden sind, dann kodieren Sie die Texte vor dem Lesen. Nehmen Sie verschiedenfarbige Markierungsstifte und kennzeichnen Sie,

- wo Sie lauter oder leiser sprechen wollen,
- wo Sie Pausen setzen wollen,
- wo Sie einzelne Wörter betonen wollen.

Übungsziel: Verbesserung der Aussprache und Betonung

Übung: Sprechtempo überprüfen

Bereiten Sie sich ein Stichwortmanuskript vor. Zeichnen Sie die Übung mit dem Sprechtempo auf, wie Sie es für richtig halten. Überprüfen Sie (oder lassen Sie überprüfen) beim Abhören das Sprechtempo. Führen Sie die Übung ggf. solange durch, bis Sie das richtige Sprechtempo einhalten. Prüfen Sie, ob sich die Stimmung, in der Sie sich gerade befinden (Erregung, Spannung, Langeweile) auf das Sprechtempo durchschlägt.

Übungsziel: Richtiges Sprechtempo aneignen

Übung: Flüstern

Beim Flüstern sprechen wir deutlicher als bei normaler Lautstärke. Wenn Sie mit Ihrer Aussprache nicht zufrieden sind, dann setzen Sie sich in zwei Meter Abstand vor ein Aufnahmegerät und sprechen Sie einen Text mit Flüsterstimme. Flüstern Sie so laut, dass Sie beim Abhören noch etwas verstehen.

Übungsziel: Korrekte Aussprache

Übung: Flüstern (Partnerübung)

Wenn Sie einen Partner haben, dann flüstern Sie diesem eine kurze Nachricht zu. Der Partner soll den Inhalt wiedergeben.

Übungsziel: Verbesserung der Aussprache

Übung: Korkenübung

Zu dieser Übung wird auch mancher Schauspieler mit undeutlicher Aussprache verurteilt. Sie eignet sich zur allgemeinen Verbesserung der Aussprache und um das Quetschen zu reduzieren. Der Übende steckt sich einen Korken (oder eine Korkscheibe) zwischen die Zähne und muss dann damit Übungstexte lesen.

Übungsziel: Deutliche Aussprache

Übung: „Der kleine Hey"

„Der kleine Hey" ist im Buchhandel erhältlich. Er ermöglicht ein systematisches Sprechtraining für alle Buchstaben und Buchstabenkombinationen und wird auch von professionellen Sprechern regelmäßig benutzt. Als Beispiel wird hier eine Übung zu den beiden Konsonanten „d" und „t" vorgestellt:
„Fort mit der Demut dürft'ger Tracht!
Nicht deucht dich's dumm und töricht doch,
Daß dort der düst're Tod dir droht,
Der tobend dröhnt und leicht dich trifft!"

Übungsziel: Aussprache einzelner Buchstaben

4.3.5 Atemtechnik

Die richtige Atmung ist die Grundlage für eine erfolgreiche Sprechtechnik. Sprechen bedeutet „tönendes Ausatmen", denn wir sprechen während der Phase des Ausatmens. Nur wer über genügend Sauerstoff in seiner Lunge verfügt, kann einen Gedanken mit „einer Luft" (einem Atemzug) aussprechen. Er muss nur dort einatmen, wo die Ausführungen eine sinnvolle Sprechpause erlauben. Wer dagegen nicht mit seiner Luft auskommt, wirkt hektisch; er bekommt einen trockenen Hals und fühlt sich unsicher. Falsches Atmen kann auf drei Hauptursachen zurückgehen:

- Die meisten Menschen sind Hochatmer. Sie begnügen sich mit der Brustatmung und vernachlässigen das Zwerchfell. Damit nutzen sie nur einen Teil der verfügbaren Atemkapazität. Die Folgen sind sprechtechnische Störungen: Der Atem reicht nicht aus für ganze Sinneinheiten, der Redner schnappt an den falschen Stellen nach Luft, es kann zu falschen Betonungen kommen oder es wird zu schnell gesprochen.
- Durch die situationsbedingte Spannung oder Lampenfieber kann es zu Verkrampfungen der Atemmuskulatur und zu Störungen beim Sprechvorgang kommen.
- Eine falsche Haltung kann zu Verspannungen der Muskulatur im Kehlkopf und Verengungen der Atemorgane führen, so dass nur eine eingeschränkte Atmung möglich ist.

Richtiges Atmen ist erlernbar. Wer richtig atmet nutzt die gesamte Lungenkapazität durch die sog. Tief-Voll-Atmung. Dabei werden Brust- und Zwerchfellatmung und beim Zwerchfell nochmals Bauch- und Flankenatmung unterschieden. Wenn Sie richtig atmen, dann wird die Atmung zu einem automatischen Bestandteil des gesamten Sprechvorgangs, ohne dass Sie bewusst darauf achten müssen. Sie können Ihre Konzentration ausschließlich auf den Redeinhalt und das sprachliche Ausdrucksvermögen richten.

Übung: Einfache Atemübung

Stellen Sie sich aufrecht hin und atmen Sie bewusst ein und aus. Atmen Sie zuerst aus und anschließen ruhig wieder ein. Die Bauchdecke sollte sich beim Atmen nach vorne wölben. Wenn möglich, sollte die Übung an der frischen Luft durchgeführt werden.

Übungsziel: Atemtechnik verbessern

Übung: Atemübung

Als kombinierte Atem- und Sprechübung wird das folgende kleine Gedicht von Goethe aus dem „Westöstlichen Diwan" empfohlen. Wer richtig atmet, kann alle sechs Zeilen mit einem Atemzug sprechen. Sollte Ihnen das nicht gelingen, dann tasten Sie sich an den „Idealzustand" heran. Holen Sie zunächst nach jeder Zeile Luft, danach nach zwei Zeilen usw.

„Im Atemholen sind zweierlei Gnaden:
Die Luft einziehen, sich ihrer entladen.
Jenes bedrängt, dieses erfrischt;
So wunderbar ist das Leben gemischt.
Du, danke Gott, wenn er dich preßt,
Und dank ihm wenn er dich wieder entläßt."

Übungsziel: Verbesserung der Atemtechnik

Übung: Atemübung nach Zilgrei

Eine wirkungsvolle Verbesserung der Atemtechnik erreichen Sie durch die Standardatmung der Zilgrei-Methode (vgl. Zillo/Greisam, S. 36). Zilgrei ist eine kombinierte Atem- und Haltungstherapie zur Selbstbehandlung. Beim Atmen werden verschiedene Muskelgruppen benötigt, die bei zwei gleichzeitigen mechanischen Grundbewegungen zum Einsatz gelangen:

- das Heben und Senken des Brustkorbs und
- das Heben und Senken des Zwerchfells.

Atemfehler beruhen oft auf der schlechten Koordination dieser beiden Bewegungen. Das Heben und Senken des Brustkorbs und des Zwerchfells sollten sich gegenläufig vollziehen. Beim Einatmen sollte sich der Brustkorb heben und das Zwerchfell senken, während sich beim Ausatmen das Zwerchfell nach oben wölben und der Brustkorb nach unten senken sollte.

Ablauf der Zilgrei-Atmung:

- Atmen Sie langsam ein durch die Nase (wenn diese verstopft ist durch den Mund). Ziehen Sie die eingeatmete Luft erst in den unteren Teil, dann in den mittleren und zuletzt in den oberen Teil der Lunge ein und drücken Sie gleichzeitig den Bauch nach außen.
- Halten Sie die eingeatmete Luft fünf Sekunden lang an. Zählen Sie im Geist eine Sekunde, zwei Sekunden,..., fünf Sekunden.
- Während Sie den Bauch einziehen, atmen Sie langsam aus, bis die Lunge vollkommen leer ist.
- Machen Sie mit entleerter Lunge und eingezogenem Bauch wieder eine Pause von fünf Sekunden (zählen: eine Sekunde,...) und beginnen danach den Zyklus von vorn.
- Führen Sie mehrmals am Tag fünf Atemzyklen durch.

Die Fünf-Sekunden-Pause nach dem Ein- und Ausatmen verlängert die Ein- und Ausatmungsphase und verhindert Schwindelgefühle, die bei anhaltender Tiefatmung auftreten können. Falls Sie anfangs die fünf Sekunden nicht durchhalten, dann üben Sie zunächst mit einer kürzeren Zeitspanne.
Die Zilgrei-Atmung kann im Liegen, im Sitzen oder im Stehen durchgeführt werden.

Übungsziel: Verbesserung der Atemtechnik

Übung: Atemübung

Diese Übung kann beim Spazierengehen an der frischen Luft durchgeführt werden.

Übungsverlauf: Gehen Sie in normalem Fußgängertempo. Atmen Sie drei Schritte lang aus. Halten Sie dann drei Schritte lang die Luft an und atmen Sie während der nächsten drei Schritte durch die Nase wieder ein. Wiederholen Sie diesen Ablauf von 3 × 3 Schritten (ausatmen – Luft anhalten – wieder einatmen) mehrmals (höchstens 20 Mal). Beenden Sie die Übung sofort, wenn Sie sich anstrengen müssen. Steigern Sie die Anzahl der Schritte auf vier und später fünf, wenn Sie die Übung im 3-Schritte-Takt ohne Anstrengung durchführen können. Wenn Sie auch den dreimal 5-Schritte-Zyklus beherrschen, dann versuchen Sie nur noch die Ausatmungsphase zu verlängern. Achten Sie aber immer darauf, dass Sie die Übungen ohne Anstrengung durchführen können.

Übungsziel: Verbesserung der Atemtechnik

Checkliste: Auf die richtige Sprache kommt es an

- Entscheidend ist nicht, was der Redner sagt, sondern was die Zuhörer verstehen.
- Je besser der jeweilige Zeichenvorrat von Redner und Empfänger übereinstimmen, umso verständlicher wird der Vortrag.
- Kommunikation zwischen Menschen findet immer gleichzeitig auf zwei Ebenen statt: Auf der Sachebene und auf der Beziehungsebene.
- Versuchen Sie, Ihr Publikum auf der Beziehungsebene zu erreichen, dann kommen Sie auch auf der Sachebene an.
- Beachten Sie die vier Dimensionen der Verständlichkeit: Einfachheit – Gliederung und Ordnung – Kürze und Prägnanz – zusätzliche Stimulanz
- Wer vor Publikum spricht, muss sich mit seiner Sprache (Wortwahl, Satzbau usw.) an den Zuhörern orientieren.
- Verwenden Sie einfache und bekannte Wörter
- Gehen Sie sparsam mit Fremdwörtern um
- Fachbegriffe müssen erklärt werden
- Vermeiden Sie Modewörter
- Drücken Sie Handlungen durch aktive Verben aus.
- Regen Sie das Denken der Zuhörer an durch Bilder, Vergleiche und Beispiele.
- Bilden Sie kurze Sätze und verwenden Sie Hauptsätze.
- Vermeiden Sie Schachtelsätze.
- Sorgen Sie für Abwechslung durch Redefiguren.
- Setzen Sie rhetorische Fragen ein.
- Prüfen Sie bei Wiederholungen, ob ein Gedanke durch die Wiederholung vertieft wird oder ob sich das Publikum langweilt.
- Zur Sprechtechnik zählen: Artikulation, Lautstärke, Sprechtempo, Sprechpausen.
- Sprechen Sie weitgehend in der Tonlage, die Ihnen am leichtesten fällt (mittlere Tonlage); variieren Sie, wenn Sie einen Gedanken hervorheben wollen.
- Sprechen Sie nicht zu schnell. Durch Schnellsprechen können wichtige Aussagen verloren gehen.
- Wenn Sie über das richtige Sprechtempo im Zweifel sind, dann sprechen Sie eher etwas langsamer als schneller.
- Orientieren Sie sich mit der Lautstärke am Thema, den Zuhörern und der Umgebung.
- Gönnen Sie sich und den Zuhörern Sprechpausen.
- Setzen Sie die Pause als dramaturgisches Mittel ein.
- Nutzen Sie ihre volle Atemkapazität (Tief-Voll-Atmung)

5. Kapitel

Auch der Körper spricht mit

Bei der Vorbereitung eines Vortrags bewegen wir uns im sprachlichen Bereich. Wir überlegen uns, was wir unserem Publikum sagen wollen und tragen alle Gedanken zusammen, die wir im Vortrag aussprechen möchten. Dabei vergessen wir leicht, dass das, was wir in Worten aussprechen nur einen Teil dessen ausmacht, was die Zuhörer im Kommunikationsprozess wahrnehmen.

Wenn Menschen miteinander kommunizieren, wirkt immer auch der Körper mit. Dabei spielt es keine Rolle, ob es sich um einen lockeren Smalltalk, um eine ernsthafte Sachdiskussion oder um eine Präsentation vor Publikum handelt.

Wichtig:

Viele Informationen bei zwischenmenschlichen Begegnungen werden nicht durch verbale Aussagen, sondern durch körpersprachliche (nonverbale) Botschaften übermittelt.

Zusätzlich zum gesprochenen Wort enthält jede sprachliche Äußerung auch nichtsprachliche Signale, die vom Partner bewusst oder unbewusst wahrgenommen werden. Der Psychologe Albert Mehrabian hat empirisch ermittelt, dass Sympathie zu 55% über die Körpersprache, vorwiegend über den Gesichtsausdruck, vermittelt wird. Zu 38% ist die Stimme und nur zu 7% sind die gesprochenen Worte beteiligt. Das gilt auch für den Umkehrfall: Negative Botschaften

(Drohungen, Missachtung) werden besonders deutlich durch Mimik und Stimme ausgedrückt.

Nach der Theorie von Paul Watzlawick kann man nicht nicht kommunizieren. Ein Redner, der seine Ausführungen unterbricht und schweigend zu einigen Zuhörern blickt, die sich miteinander unterhalten, drückt damit vielleicht mehr aus, als wenn er ausdrücklich um Ruhe bitten würde. Allerdings können nonverbale Aussagen zu einer Reihe von Missverständnissen führen:

- Bedeutet ein Lächeln Zustimmung oder Ironie?
- Steckt der Redner die Hände aus Unsicherheit, Lässigkeit oder Arroganz in die Tasche?
- Mangelt es am Blickkontakt, weil der Redner sein Thema nicht beherrscht oder weil er unter Lampenfieber leidet?

5.1 Die Körpersprache ist eine ehrliche Sprache

Von der Körpersprache profitieren der Redner und das Publikum gleichermaßen. Der Redner verrät dem Publikum über diese Signale mehr als er in Worten sagt. Umgekehrt erfährt er im Gegenzug durch die körpersprachlichen Reaktionen seines Publikums, ob er verstanden wird, ob er ankommt oder ob sich die Zuhörer langweilen.

Die Körpersprache ist der Ursprung jeder Sprache. Schon bevor sich die Menschen der verbalen Sprache bedienten, verständigten sie sich mit Gesten und Gebärden. Die Körpersprache wird stärker als das gesprochene Wort vom Unbewussten gesteuert. Dadurch werden die wirklichen Gefühle (Stimmungen) zuverlässiger verdeutlicht als durch Worte. Diese Erkenntnis ist in jedem Menschen verankert, auch wenn er sich dessen nicht immer bewusst ist.

Wichtig:

Die Körpersprache ist zwar häufig ehrlicher als die gesprochene Sprache, aber sie ist auch mehrdeutig und deshalb oft schwer zu verstehen.

Der Mensch wird zudem von Jugend an auf Worte fixiert, so dass er nur unzureichend dafür ausgebildet ist, körpersprachliche Reaktionen seines Partners zu interpretieren. Die wichtigsten Ausdrucksmittel der Körpersprache sind

- Blickkontakt
- Mimik
- Gestik
- Haltung.

Im weiteren Sinne werden auch die Kleidung sowie das Äußere des Redners dazu gezählt.

Begeisterung zeigen

Schon Augustinus empfahl seinen Schülern: *„In Dir muss brennen, was Du in anderen entzünden willst"*. Diese Aussage ist auch heute noch gültig. Eine der eingangs dargestellten Erfolgskomponenten ist das Auftreten des Redners. Wer emotionslos eine Pflichtübung absolviert, wird nicht überzeugen. Zeigen Sie, was Sie empfinden. Wenn Sie hinter Ihrer Sache stehen, dann lassen Sie Ihre Zuhörer dies durch ein entsprechendes Engagement auch erkennen. Setzen Sie Gestik ein; nutzen Sie Ihre stimmlichen Möglichkeiten; zeigen Sie durch eine aufrechte Haltung, dass Sie von dem, was Sie vortragen, auch selbst überzeugt sind.

Vorsicht vor Fehlurteilen

Beobachtungen im körpersprachlichen Bereich dürfen nicht isoliert beurteilt werden. Sie müssen immer in Bezug zur gleichzeitig stattfindenden verbalen Kommunikation gesehen werden. Auch das Alter, das Geschlecht, der soziale Status oder die Zugehörigkeit zu einem bestimmten Kulturkreis können eine Rolle spielen. Schließlich sollten Sie sicher sein, dass es sich bei einer bestimmten Beobachtung nicht um eine persönliche Angewohnheit (Marotte) oder um ein körperliches Gebrechen handelt.

Wie schon erwähnt, können zahlreiche körpersprachliche Verhaltensweisen mehrere, teilweise sehr unterschiedliche Bedeutungen haben. Wenn z.B. der Blickkontakt eingestellt wird, kann das ein Zeichen für Unsicherheit oder hohe Konzentration sein.

Wichtig:

Eine körpersprachliche Beobachtung allein rechtfertigt oft noch kein zuverlässiges Urteil. Wegen der Gefahr von Fehlinterpretationen sollten immer mehrere, gleichgerichtete körpersprachliche Äußerungen zusammenkommen. Bewerten Sie nur im Gesamtzusammenhang mit den gleichzeitig zu beobachtenden verbalen Aussagen.

Verlassen Sie sich bei Abweichungen zwischen verbaler Aussage und nonverbaler Beobachtung nicht ausschließlich auf die Körpersprache. Verstehen Sie die körpersprachliche Aussage lediglich als Signal für eine weitere Überprüfung.

Beispiel: Ein Vertreter des Innenministeriums spricht vor Beamten und konfrontiert sein Auditorium mit der Behauptung, dass es in diesem Jahr wegen der schwierigen Haushaltslage zu keiner Erhöhung der Bezüge kommt. Als Folge dieser Aussage lehnen sich einige Zuhörer zurück und verschränken die Arme vor der Brust. Diese Ablehnungshaltung (zurücklehnen, verschränkte Arme) dürfte eindeutig sein; der Redner musste bei dieser Aussage mit entsprechenden Reaktionen rechnen.
Wenn derselbe Redner dagegen bei anderer Gelegenheit über die Neustrukturierung seiner Behörde referiert und einige Teilnehmer sich zurücklehnen und die Arme verschränken, dann kann das auch lediglich eine Entspannungshaltung oder Desinteresse am Thema sein, aber nicht Ablehnung.

Bleiben Sie, wer Sie sind

Niemand verlangt von Ihnen, dass Sie stundenlang vor dem Spiegel stehen, um besonders wirkungsvolle Gesten oder Posen einzustudieren. Das wäre nicht glaubhaft und würde vom Publikum schnell erkannt. Die Körpersprache kommt aus dem Unbewussten und kann deshalb auch nur in Grenzen trainiert werden. *„Ahmen Sie niemand nach – Seien Sie Sie selbst“ (Lee Iacocca)*, auch wenn Sie von Ihrem Lieblingspolitiker, einem Fernsehmoderator, Schauspieler oder einer anderen Person des öffentlichen Lebens noch so beeindruckt sein mögen.

Wichtig:

Wer die Mimik, Gestik oder Sprechweise anderer zu kopieren versucht, sollte sich bewusst sein, dass es sich immer nur um eine Kopie handelt, die zumeist als solche erkannt wird.

Denken Sie als Rednerin oder Redner jederzeit daran, dass das gesprochene Wort immer von körpersprachlichen Äußerungen begleitet wird. Lassen Sie sich von einem guten Freund einmal beobachten und informieren, welche körpersprachlichen Botschaften Sie senden. Nutzen Sie umgekehrt Ihre Beobachtungen im nonverbalen Bereich, um über Ihr Publikum etwas zu erfahren.

Übung: Marotten überwinden

Der Trainerkollege Eddie Meier aus St. Gallen hat seinen Teilnehmern eine einfache, aber wirkungsvolle Methode zum Abgewöhnen von Marotten empfohlen (Birkenbihl, S. 48):
„Führen Sie vor einem Vortrag Ihre ‚dumme Angewohnheit' zehnmal hintereinander aus. Wer dazu neigt, die Krawatte von unten her aufzurollen oder ständig am Kragen von Hemd oder Bluse herumzupft, der tut dies ganz bewusst vor seinem Redeauftritt. Auf diese Weise wird das Bedürfnis vorübergehend stillgelegt und die Situation wird gemeistert, ohne dass die Zuhörer anfangen, mitzuzählen, wie oft die Marotte ausgeführt wird.

Übungsziel: Marotten abgewöhnen

5.2 Blickkontakt schafft Zuhörerkontakt

Der Blickkontakt ist die Kontaktbrücke zum Publikum und eine der wichtigsten Voraussetzungen für erfolgreiche Vorträge und Präsentationen. Ohne Blickkontakt sind auch die überzeugendsten Ausführungen nur halb so wirkungsvoll, denn die Zuhörer fühlen sich nur angesprochen, wenn sie auch angesehen werden. Ein guter Blickkontakt hat mehrere Vorteile:

- Der Redner macht deutlich, dass er zu seinem Publikum spricht und demonstriert gleichzeitig Sicherheit und Selbstbewusstsein. Der Blick zur Decke, zum Fenster hinaus oder ausschließlich ins

Manuskript wird als Zeichen der Unsicherheit empfunden. Wer jedoch seiner Sache sicher ist, der muss nicht wegsehen.

- Nur wer sein Publikum beobachtet, wird erfahren, ob seine Ausführungen verstanden werden und ankommen. Wenn die Zuhörer zum Fenster hinaussehen oder minutenlang die Tapetenstruktur studieren, dann sollten Sie prüfen, ob Sie an Ihrem Vortrag etwas ändern müssen. Ein Wechsel in der Lautstärke oder beim Sprechtempo, eine treffendes Beispiel oder gar ein Sprung zum nächsten, für die Zuhörer interessanteren Gliederungspunkt sind nur einige Möglichkeiten.
- Wichtige Aussagen können durch einen deutlichen Blick ins Auditorium, verbunden mit einer Sprechpause, nachhaltig unterstrichen werden.
- Ein langer Blick, wiederum verbundenen mit einer Sprechpause, kann bei Bedarf auch als Ordnungsruf eingesetzt werden. Er ist meistens ausreichend, sowohl bei gedanklich abwesenden als auch bei störenden Zuhörern.

Blickkontakt zu allen Zuhörern

Im Rhetorik-Seminar hat es sich gezeigt, dass der Blickkontakt für viele Teilnehmer anfänglich ein besonders großes Problem darstellte. Beim ungeübten Redner lag die Ursache meistens an der mit der mangelnden Redeerfahrung verbundenen Unsicherheit. Aber auch bei manchen erfahrenen Rednern haperte es mit dem Blickkontakt. Ein Hauptgrund dafür kann überhöhte Konzentration sein.

Was ist zu beachten?

Beim Blickkontakt handelt es sich weder um ein tiefes „In-die-Augen-Sehen“ noch soll es zu einem hektischen Hin und Her kommen. Bei einem größeren Auditorium sind sich die Zuhörer bewusst, dass sie vom Redner nicht durchgehend angesehen werden können. Sie erwarten allerdings, dass sie im Verlaufe der Ausführungen in den Blick einbezogen werden.

- Beginnen Sie nicht zu früh mit dem Sprechen. Nehmen Sie den Redeplatz ein und lassen Sie zunächst den Blick einmal über alle Zuhörer schweifen. Damit können Sie auch eine evtl. vorhandene Anfangsspannung überwinden.
- Falls es die räumlichen Gegebenheiten zulassen, sollte bei kleineren Zuhörergruppen der Abstand zur ersten Reihe mindestens zwei bis drei Meter betragen. Je größer die Zuhörerzahl ist, umso größer sollte der Abstand sein.
- Fassen Sie jeweils eine Gruppe von Zuhörern zusammen und verharren Sie mit dem Blick einige Augenblicke auf dieser Gruppe. Danach verändern Sie die Richtung und blicken zur nächsten Gruppe. Vermeiden Sie einen abrupten Wechsel von Gruppe zu Gruppe.
- Wenn Sie nicht alle Zuhörer gleichzeitig ansehen können, dann genügt es, wenn der Blick einige Augenblicke auf einer Zuhörergruppe verharrt und dann zur nächsten Gruppe wandert.
- Achten Sie beim Wechsel zwischen den Zuhörergruppen darauf, dass alle Zuhörer einbezogen werden. Der Blick darf nicht nur zu dem guten Freund gerichtet werden, der sich unter den Zuhörern befindet. Auch Personen mit Sonderstellung (der prominente Gast, das „hohe Tier“, der Veranstalter, der Tagungsleiter) dürfen nicht einseitig bevorzugt werden.
- Damit der Blick vom Publikum wahrgenommen wird, sollte er mindestens drei bis fünf Sekunden auf einer Gruppe verharren. Bei einem größeren Auditorium kann sich diese Zeitspanne auf bis zu zehn Sekunden verlängern. Vermeiden Sie, einzelne Personen zu lange anzusehen.

- Denken Sie daran, dass Sie bei einem Auditorium mit sehr breiten Sitzreihen die am Rand sitzenden Zuhörer nicht vergessen.

Vom Manuskript zum Zuhörer

Wenn Sie mit einem Stichwortmanuskript arbeiten, kommt es zu einem ständigen Wechsel zwischen dem Blick in die Stichwortkärtchen und dem Blick zu den Zuhörern. Sie blicken ins Manuskript und überlegen sich, was Sie zum nächsten Stichwort sagen möchten (Sprechdenken); danach blicken Sie wieder zu den Zuhörern und sprechen den Gedanken aus.

Bei einem voll ausgearbeiteten Manuskript ist es hilfreich, wenn Sie die Empfehlung nutzen, in eine Zeile immer nur das aufzunehmen, was sinnvoll als Einheit ausgesprochen werden kann. Diese Sinneinheiten werden jeweils mit einem Blick erfasst und danach mit Blick zu den Zuhörern ausgesprochen.

5.3 Mimik und Gestik

Die Mimik steht in engem Zusammenhang mit dem Blickkontakt; der Gesichtsausdruck wird im Wesentlichen von den Augen und dem Mund bestimmt. Die Mimik unterliegt in besonders starkem Maße dem Einfluss des Unterbewusstseins. Jeder Gemütszustand (freudig oder traurig, freundlich oder verärgert, nachdenklich oder sorglos) schlägt sich unmittelbar in der Mimik nieder.

Wie andere körpersprachliche Äußerungen kann auch die Mimik gezielt eingesetzt werden. Die Mimik muss der Aussage entsprechen. Entspannen Sie sich und lächeln Sie, wenn Sie über etwas Angenehmes sprechen. Lassen Sie aber auch Trauer oder Zorn erkennen, wenn Ihr Vortrag das verlangt.

Beispiele:

- Der Personalleiter, der auf der Betriebsversammlung bekannt gibt, dass wegen des guten Jahresabschlusses jeder Mitarbeiter eine Sonderprämie erhält, zeigt dies auch durch seinen entspannten Gesichtsausdruck.

- Dagegen wird der Meister, der seine Arbeitsgruppe rügt, weil die vorgeschriebene Schutzkleidung nicht getragen wird, kaum mit hochgezogenen Mundwinkeln und strahlenden Augen auftreten.

Außer der inhaltlichen Übereinstimmung muss der mimische Ausdruck auch zeitlich stimmig sein. Die Mimik geht dem gesprochenen Wort etwas voraus. Beim Sprechdenken erfassen Sie einen Gedanken und reagieren sofort mit der Mimik, ehe die zugehörigen Worte ausgesprochen werden.

Was für den Blickkontakt gilt, gilt auch für die Mimik: Stehen Sie nicht vor den Spiegel und trainieren bestimmte Gesichtsausdrücke, die Sie auf Abruf einsetzen wollen. Dieses Vorhaben würde im Ernstfall scheitern. Nehmen Sie in Ihre Vorträge die folgende Generalregel mit.

Wichtig:

In den meisten Redesituationen werden Sie positive Botschaften weitergeben; das müssen Sie dann auch durch einen entspannten, freundlichen Gesichtsausdruck zeigen.

So schaffen Sie beim Zuhörer Sympathie und Vertrauen. Das versteinerte Gesicht, das keinerlei Emotionen erkennen lässt, ist nicht gefragt. Auch der Fachvortrag oder die Präsentation von Zahlen schließen nicht aus, den Zuhörern Freundlichkeit und Sympathie zu signalisieren.

Besonders wichtig ist der Gesichtsausdruck zu Beginn eines Vortrags oder einer Präsentation. Die Mimik des Redners beim ersten Blickkontakt mit dem Publikum wird von den Zuhörern übernommen. Wer mit einem Sauertopfgesicht antritt und seine Unlust so offenkundig zeigt, kann nicht erwarten, dass das Publikum mit strahlenden Gesichtern reagiert.

Wichtig:

Der kürzeste Weg zwischen zwei Menschen ist ein Lächeln (Chinesisches Sprichwort).

Der mimische Ausdruck wird durch die Gestik erweitert und verstärkt. Gesten sind Ausdrucksbewegungen des Körpers, die ebenso wie die Mimik das seelische Erleben widerspiegeln. Der Trainerkollege Baldur Kirchner bezeichnet *„Gesten als sichtbar gewordene Emotionen."* Er meint damit vor allem emotionale Gesten. Daneben können wir die beschreibende Geste unterscheiden, durch die bestimmte Gegenstände oder Vorgänge verdeutlicht werden sollen. Der Redner sagt z.B.: *„Der Abstand zwischen Fahrzeug und Hauswand betrug nur noch wenige Zentimeter"* und gleichzeitig wird dieses Maß mit Daumen und Zeigefinger verdeutlicht.

Ebenso wie die Mimik läuft auch die Gestik dem gesprochenen Wort etwas voraus. Deshalb ist es unsinnig, einzelne Gesten einzustudieren und durch eine Regieanweisung im Manuskript zu vermerken, welche Arm- oder Handbewegung bei welcher Aussage ausgeführt werden soll. Gesten auf Abruf funktionieren nicht, denn der zeitliche Ablauf zwischen Sprache und Geste wäre gestört. Ein solches Verhalten würde vom Publikum durchschaut.

Wichtig:

Mimik und Gestik sind Reaktionen auf Gedanken und Gefühle und werden schneller vollzogen als die entsprechenden Worte ausgesprochen werden können.

Das Ausmaß der Gestik hängt von der Herkunft und Erziehung sowie vom individuellen Temperament des Sprechenden ab. Den Einfluss der Herkunft können wir bei unseren Mitbürgern aus südlichen Ländern beobachten: Wer hatte nicht schon bei der Unterhaltung zweier Mitbürger aus dem Mittelmeerraum den Eindruck, als ob diese sich in einem Streitgespräch befinden? Durch die Erziehung wurde manchem beigebracht, Gestik weitgehend zu vermeiden oder zumindest nur sehr zurückhaltend einzusetzen (*„Ein Kind hat seine Arme und Hände ruhig zu halten!"*). Das individuelle Temperament spiegelt sich in mehr oder weniger Gestik wider.

Wir hatten oben gesagt, dass einzelne Gesten nicht geplant werden können. Jeder Redner sollte sich aber bemühen, ein Minimum an Gestik überhaupt einzusetzen. Allerdings darf die Gestik nicht übertrieben werden; ein hektisches Herumfuchteln ist nicht gefragt.

Wichtig:

Die Gestik gehört als natürlicher Bestandteil zu einem lebendigen Vortrag. Wer auf Gestik weitgehend verzichtet, wirkt steif und verkrampft.

Oft sind die Spannung oder die hohe Konzentration die Ursache, dass auf Gestik verzichtet wird. Im Rhetorik-Seminar konnte ich bei den ersten Übungen einzelne Teilnehmer beobachten, die ihr Manuskript mit beiden Händen krampfhaft festhielten oder den freien Arm mit beinahe militärischer Korrektheit seitlich anlegten oder hinter dem Rücken versteckten. Der Mut zu mehr Gestik kam erst nach Aufforderung durch den Trainer und mit zunehmender Lockerheit. Umgekehrt dagegen können Sie gegen fehlerhafte Gesten bewusst vorbeugen: Wenn Sie wissen, dass Sie dazu neigen, die Arme auf dem Rücken zu verstecken (oder die Hände in den Tasche zu versenken), dann nehmen Sie entsprechende Regieanweisungen in Ihr Manuskript auf.

Wirkung einzelner Gesten

Positive Aussagen werden durch positive Gesten unterstrichen. Sie signalisieren Zuwendung durch Gesten, die sich mit nach oben gerichteten Handflächen von innen nach außen bewegen. Durch weite Armbewegungen öffnen Sie sich gegenüber den Zuhörern und vermitteln Sicherheit. Wer sich öffnet, hat nichts zu verbergen. Die Hände sollten sich nicht zu lange unterhalb der Gürtel- oder Hüftlinie befinden, dieser Bereich wird als negativ empfunden.

Wichtig:

Idealerweise bewegen sich die Hände bei leicht gebeugten Armen zwischen Hüftlinie und Brustbereich.

Das mag sich zunächst schwierig anhören. Wenn Sie jedoch daran denken, dass Sie Ihr Stichwortmanuskript halten müssen, dann ist dieses Problem schon beinahe gelöst. Der notwendige Sichtabstand zwingt dazu, die Arme leicht anzuwinkeln. Wer es ganz perfekt macht, der hält in der schwächeren Hand die Stichwortkärtchen und nutzt die stärkere Hand für Gestik. Um sicherzustellen, dass der freie Arm sich nicht unkontrolliert bewegt (z.B. rein in die Tasche und wieder raus), können Sie die Stichwortkärtchen vorübergehend mit beiden Händen halten. Wenn dann aufgrund der Aussage ein Anlass für Gestik besteht, geschieht das zumeist ganz von selbst. Arme und Hände reagieren, ohne dass Sie daran denken müssen.

Die nach unten gerichtete Handfläche ist mit einer negativen Aussage verbunden. Die geballte Faust wirkt drohend. Der erhobene Zeigefinger des Redners wird in der Fachsprache als Lehrerfinger bezeichnet. Diese Bezeichnung ist treffend, denn der Redner, der ständig den Zeigefinger hebt, wirkt oberlehrerhaft und bevormundend. Die vor dem Bauch gefalteten Hände vermitteln den Eindruck von Trägheit und Müdigkeit.

Die vor der Brust verschränkten Arme werden als Barriere (Verschlossenheit) empfunden. Sie wollen aber doch das Gegenteil, Sie wollen Ihre Zuhörer mit Ihrem Vortrag erreichen. Beobachten Sie einmal in einer Diskussion, wenn an den Redner eine schwierige Frage gestellt wird. Dann kann es sein, dass er (unbewusst) die Arme vor der Brust verschränkt, einen Moment nachdenkt und dann dem Fragesteller erklärt, dass dies nicht zum Thema gehört oder die Zeit für eine Beantwortung nicht ausreicht. Solche Antworten können Sie in Verbindung mit der Armbarriere als Ausrede erkennen, weil der Redner die Antwort auf die Frage nicht weiß und nicht bereit ist, dies zuzugeben.

Wie sieht es mit der Hand in der Tasche aus? Beide Hände tief in die Taschen versenkt sollte überhaupt nicht vorkommen, denn das wird als arrogant oder unhöflich interpretiert. Wenn Sie dagegen im Kollegen- oder Freundeskreis sprechen oder eine lockere Atmosphäre besteht, dann ist es kein Problem, eine Hand vorübergehend auch mal in die Tasche zu stecken. Auch auf dem Rücken sollten die Hände nicht versteckt werden. Das würde, je nach Situation, als überheblich oder ängstlich empfunden.

Nehmen Sie außer den Stichwortkärtchen nichts anderes in die Hand. Auch schon ein Stift oder Kugelschreiber können als Barriere wirken. Außerdem sollten die Zuhörer nicht mitzählen, wie oft ein

Redner den Kugelschreiber knipst, sondern sie sollen sich auf dessen Worte konzentrieren.

5.4 Haltung

„*Tritt fest auf, mach's Maul auf, hör' bald auf*". Das war einer der Beiträge von Martin Luther zur Rhetorik. Alle drei Teilforderungen sind richtig. In diesem Abschnitt geht es um die Empfehlung, fest aufzutreten.

Wichtig:

Der feste Stand auf beiden Füßen ist die Grundlage für eine aufrechte, überzeugende Haltung.

Wer mit beiden Füßen fest auftritt, demonstriert Standfestigkeit und Verlässlichkeit. Als Ideal wird in der Literatur empfohlen, aufrecht zu stehen und mit auf beide Beine verteiltem Gewicht die Füße leicht gewinkelt in einem Abstand von etwa 15 cm aufzusetzen. Für die praktische Anwendung reicht es aus, wenn Sie daran denken, die Füße in leichtem Abstand nebeneinander zu stellen. Achten Sie darauf, dass die Fußsohlen Bodenkontakt haben; wer auf den Außenrändern steht oder ein Bein nur mit der Fußspitze aufsetzt, demonstriert Unsicherheit. Der Stand soll weder militärisch stramm, noch zu breitbeinig sein. Zu breites Stehen würde als überheblich empfunden. Wenn ein Bein leicht vorgestellt wird, entsteht der Eindruck, dass der Redner weglaufen möchte. Verschlungene Beine sind ein Indiz für Unentschlossenheit.

Neben den Füßen und Beinen ergibt sich aus der Haltung des Oberkörpers ein weiterer Hinweis auf die rednerische Souveränität. Nur bei einem aufgerichteten Oberkörper ist eine ausreichende Atmung möglich. Zu einem aufrechten Oberkörper gehört auch eine passende Kopfhaltung. Halten Sie den Kopf so, dass ein gerader Blick nach vorne möglich wird. Nehmen Sie den Kopf aber nicht zu hoch, denn das wird als „hochnäsig" verstanden. Wer zuviel hin und her schwankt, wirkt unsicher. Lediglich ein leicht vorgebeugter Oberkörper wird bei entsprechenden Aussagen als Zeichen von Interesse gedeutet. Eine zu lässige Haltung kann als arrogant empfunden werden. Ein gebeugter Kopf, eine eingesunkene Brust und hängende Schultern sind Zeichen für Unsicherheit.

Übereinstimmung von Haltung und Aussage

Körperhaltung und Aussage müssen zueinander passen. Aus der Haltung eines Redners kann seine Einstellung zum Inhalt seiner Ausführungen oder zu den Zuhörern entnommen werden. Wer in seinen Ausführungen von erfolgreichen Geschäftsabschlüssen, hohen Auftragsbeständen oder zufriedenen Kunden berichtet, der wird nicht mit hängenden Schultern und verschlungenen Beinen vor seinen Zuhörern stehen.

Körpersprache beachten

Denken Sie daran, dass der erste Eindruck, den Ihr Publikum von Ihnen gewinnt, durch die Körpersprache bestimmt wird. Bereits nach wenigen Sekunden hat sich beim Zuhörer ein festes Bild eingeprägt, also deutlich, bevor Sie die Möglichkeit haben, Ihr Auditorium durch eine passende Anrede und einen originellen Einstieg zu beeindrucken. Schon die Art und Weise, wie Sie zum Redeplatz gehen und diesen einnehmen, wird registriert. Gehen Sie deshalb aufrecht mit festem Gang nach vorn und nehmen Sie dabei bereits Ihre Stichwortzettel in die Hand. Falls möglich, erkunden Sie den Weg vorher; ein Stolpern über ein Kabel oder eine Stufe mag zwar das Publikum erheitern, aber für den Redner entsteht zusätzliche Spannung. Lassen Sie sich nicht davon beirren, dass einige Zuhörer sich vielleicht noch unterhalten oder anderweitig beschäftigt sind. Nehmen Sie die richtige „Grundhaltung" ein: Leicht gespreizte Beine und ein ruhiger, aufrechter Oberkörper mit entspannten Schultern. Kehren Sie im Verlauf Ihrer Ausführungen in diese Haltung immer wieder zurück. Stellen Sie schnell Blickkontakt zum Publikum her und denken Sie daran, nicht zu früh mit dem Sprechen zu beginnen.

Bei Kurzvorträgen sollte der Redeplatz für die Dauer des Vortrags beibehalten werden. Bei längeren Vorträgen müssen Sie nicht wie ein Denkmal an derselben Stelle stehen. Wenn Sie nicht durch ein Mikrofon an einen Platz gebunden sind, sind Bewegungen in vernünftigem Ausmaß durchaus möglich. Ein Schritt in Richtung der Zuhörer kann zur Lockerheit beitragen. Allerdings verbreitet der Dauerläufer, der ständig von einer Seite zur anderen rennt, Unruhe und wird vom Publikum nicht geschätzt.

Übung: Körpersprache

Überprüfen Sie Ihre Körpersprache vor dem Spiegel oder der Videokamera oder einem Partner. Stören Sie sich nicht daran, dass sich eine solche Übungssituation von der realen Redesituation unterscheidet. Das gilt für alle Übungen und ist kein Gegenargument.

1. Stufe: Wählen Sie kleinere Texte aus Zeitungen oder Zeitschriften und lesen Sie diese laut vor.

2. Stufe: Versuchen Sie sich in die Redesituation bei Ihrem nächsten oder einem früheren Vortrag zu versetzen (Anlass und Ziel des Vortrags, Zuhörer, örtliche Gegebenheiten). Setzen Sie jeweils ihren Körper gezielt ein; achten Sie auf Mimik, Gestik und Haltung. Wirkt Ihre Körpersprache angemessen, zu wenig ausgeprägt oder übertrieben? Achten Sie auch auf persönliche Marotten. Übernehmen Sie Ihre Beobachtungen als Regieanweisungen in Ihr Manuskript und wiederholen Sie die Übung. Verfolgen Sie Änderungen nach mehrmaliger Wiederholung.

Übungsziel: Kontrolle und Verbesserung der Körpersprache

5.5 Kleidung

Neben dem Gang, der Haltung und dem Blickkontakt wird der erste Eindruck des Publikums auch durch die Kleidung mitbestimmt. Wählen Sie eine dem Publikum angemessene Garderobe; orientieren Sie sich bei der Auswahl daran, wie die Zuhörer voraussichtlich gekleidet sein werden. Werden Sie nicht durch eine falsche Kleidung zum Außenseiter. Durch das passende „Outfit" fördern Sie die Akzeptanz bei Ihrem Publikum.

Achten Sie auch darauf, was Sie alles mit sich führen. Überfüllte, ausgebeulte Jacken- oder Hosentaschen machen sich nicht gut. Insbesondere klimpernde Münzen oder ein dicker Schlüsselbund sollten vorher herausgenommen werden.

Auch die Uhr kann zum Problem werden

Nehmen Sie eine gut ablesbare Uhr mit. Der Redner wird auch daran gemessen, ob er die vorgesehene Redezeit einhält. Sie müssen also von Zeit zu Zeit auf die Uhr blicken.

Wenn eine Möglichkeit zum Ablegen vorhanden ist, dann legen Sie die Uhr so vor sich, dass Sie diese im Blick haben. Mit dem Ablegen der Uhr vermitteln Sie den Zuhörern den Eindruck, dass Sie sich darum bemühen wollen, die vorgesehene Redezeit einzuhalten. Wenn Sie frei im Raum stehen, dann tragen Sie die Uhr auf der Innenseite des Handgelenks. Damit können Sie die Zeit kontrollieren, ohne dass es allzu sehr auffällt. Es wird zwar vom Redner erwartet, dass er seine Redezeit einhält, wer aber zu häufig auf die Uhr schaut, wird als nervös eingestuft. Außerdem könnten manche Zuhörer den falschen Eindruck gewinnen, dass Sie sich für dieses Thema oder diesen Teilnehmerkreis nicht genügend Zeit nehmen.

Checkliste: Auch der Körper spricht mit

- Man kann nicht nicht kommunizieren (Watzlawick).
- Bei jeder zwischenmenschlichen Kommunikation werden die gesprochenen Aussagen von körpersprachlichen Äußerungen begleitet.
- Die Körpersprache ist stark vom Unbewussten gesteuert und damit ehrlicher als die verbale Sprache.

- Die wichtigsten Ausdrucksmittel der Körpersprache sind Blickkontakt, Mimik, Gestik und Haltung.
- Zeigen Sie Ihr Engagement für eine Sache durch den bewussten Einsatz der Körpersprache.
- Die Körpersprache ist oft mehrdeutig. Bewerten Sie deshalb körpersprachliche Beobachtungen nur unter Beachtung der gleichzeitig stattfindenden verbalen Kommunikation.
- Bleiben Sie, wer Sie sind, versuchen Sie nicht, die Mimik, Gestik oder Sprechweise anderer Personen zu kopieren.
- Halten Sie die Verbindung mit Ihren Zuhörern durch Blickkontakt (Kontaktbrücke).
- Lassen Sie den Blick schweifen, damit alle Zuhörer einbezogen werden.
- Begleiten Sie positive Aussagen mit einer entspannten, freundlichen Mimik.
- Unterstreichen Sie Ihre Aussagen durch eine passende (nicht übertriebene) Gestik.
- Halten Sie die Arme leicht gebeugt, damit sich die Hände oberhalb der Hüftlinie befinden.
- Ein fester Stand auf beiden Füßen ist die Grundlage für eine aufrechte Haltung.
- Versuchen Sie nicht, Blick, Mimik und Gestik „auf Abruf" einzuüben.
- Kleiden Sie sich dem Redeanlass angepasst. Orientieren Sie sich daran, wie die Zuhörer voraussichtlich gekleidet sein werden.

6. Kapitel

Lampenfieber beherrschen

Der junge Pfarrer muss vor der vollzähligen Gemeinde seine erste Predigt halten. Er beginnt wie folgt: *„Liebe Gemeindemitglieder, als ich gestern meine Predigt zusammenstellte, da wussten der liebe Gott und ich, was ich heute sagen würde. Jetzt weiß es nur noch der liebe Gott.“* Diese Geschichte wird in unterschiedlichen Versionen erzählt, aber sie läuft immer auf dieselbe Pointe hinaus. Bekannt ist auch der Ausspruch von Mark Twain: *„Das menschliche Gehirn ist eine prima Sache. Es funktioniert von der Geburt bis zu dem Augenblick, in dem wir aufstehen und eine Rede halten wollen.“* Die Angst beim Reden vor Anderen zählt zu den Hauptängsten des Menschen.

Der Auftritt vor einer fremden Gruppe ist immer mit einer gewissen Anspannung verbunden. Das gilt für schauspielerische oder musikalische Darbietungen ebenso wie für Vorträge und Präsentationen.

6.1 Vom Kribbeln im Bauch bis zur Panik

Das Problem Lampenfieber ist bereits aus der Antike bekannt. Eine der ältesten literarischen Quellen findet sich bei Cicero in seiner Schrift „Über den Redner“ („De oratore“) aus dem Jahr 55 v. Chr. Hier wird der Redner Crassus wie folgt zitiert: *„Was mich betrifft, so stelle ich gewöhnlich bei euch fest und mache auch bei mir selbst sehr oft die Erfahrung, dass ich bei den ersten Worten einer Rede vor Angst* *erbleiche und von ganzem Herzen und an allen Gliedern bebe.*" Cicero selbst soll einmal gesagt haben: „*Wo ist der Redner, der im Augenblick, da er spricht, nicht gefühlt hätte, wie sich sein Haar sträubt und sein Gebein erstarrt?*"

Die Bedeutung des Lampenfiebers wird auch durch die große Zahl der verwendeten Begriffe ersichtlich. Umgangssprachlich wird am häufigsten von Lampenfieber gesprochen. Im gleichen Sinne werden auch die Begriffe Redeangst und Sprechangst verwendet. Andere Bezeichnungen für die Spannungssituation vor oder während eines Redeauftritts sind Redehemmung, Redephobie, Logophobie, Publikumsangst, Auftrittsangst, Kommunikationsangst oder Mutismus. Logophobie ist die medizinisch-psychologische Bezeichnung für Redeangst; häufig wird unter dem Begriff auch eine krankhafte Form (extremste Ausprägung) der Redeangst verstanden. Wer unter Logophobie leidet, sollte die Hilfe eines Psychotherapeuten oder Psychiaters in Anspruch nehmen. Bei den übrigen Begriffen wird auf eine weitere Differenzierung verzichtet. In diesem Buch werden alle Formen der Angst beim Sprechen in der Öffentlichkeit angesprochen, wobei im Weiteren die Begriffe Lampenfieber und Redeangst verwendet werden.

Falls auch Sie unter Lampenfieber leiden, sind Sie nicht die Einzigen. Ob Manager oder Politiker, ob Schauspieler oder Moderator, ob Student oder Professor, jeder hat die Erfahrung schon gemacht. Wer öffentlich sprechen muss und unter Lampenfieber leidet, sollte sich systematisch mit dem Problem auseinandersetzen, um die größte Spannung zu reduzieren.

Wichtig:

Lampenfieber ist etwas Natürliches, mit dem auch Profis zu kämpfen haben. Bereits das Wissen, dass auch andere mit diesem Problem zu tun haben, ist eine erste Hilfe.

6.1.1 Ein bisschen Spannung muss sein

Manche Redner träumen von einem Redeauftritt ohne jegliches Lampenfieber. Ein solches Ziel ist nicht realistisch, denn ein Vortrag oder eine Präsentation ohne emotionale Beteiligung kommen beim Zuhörer nicht an. Das „Kribbeln im Bauch" ist durchaus erwünscht, wenn es ein bestimmtes Maß nicht überschreitet. Es hängt vom Ausmaß der Spannung ab, ob diese zum Störfaktor wird und dem Redner schadet, oder ob es sich nur um eine normale Stressreaktion handelt.

Geringes Lampenfieber kurz vor oder am Anfang eines Vortrags oder einer Präsentation kann inspirierend sein; es setzt Energien frei und versetzt den Vortragenden in einen wachen, konzentrierten Zustand. Wer keinerlei Spannung erkennen lässt, wird sein Publikum nicht überzeugen.

Er läuft Gefahr, dass ihm mangelndes Interesse am Thema oder Publikum unterstellt wird. Ein Seminarteilnehmer aus dem Marketingbereich hat diese Erkenntnis einmal wie folgt ausgedrückt: *„Wenn es bei meinen Vorträgen und Präsentationen nicht mehr kribbelt, dann muss ich prüfen, ob ich noch den richtigen Job ausübe"*. Das menschliche Gehirn arbeitet besonders gut und die Chance für einen gelungenen Vortrag ist dann am größten, wenn wir weder zu gleichgültig noch zu angespannt vor unseren Zuhörern stehen. In anderen Worten, etwas Spannung sollte sein, allerdings darf sie nicht zu groß sein und zur Blockade führen. Diese positive Form des Lampenfiebers steht im Weiteren nicht zur Diskussion.

Wichtig:

Ein bisschen Spannung oder Lampenfieber sind für einen überzeugenden Vortrag unerlässlich, um dem Zuhörer die emotionale Beteiligung des Redners zu verdeutlichen.

Ein bisschen Spannung muss sein

Zuhörer sind keine Gegner

Lampenfieber ist auf die besondere Situation bei einem Vortrag oder einer Präsentation zurückzuführen. Der Redner steht im Mittelpunkt und zweifelt, ob er dieser Situation gerecht werden kann. Statt sich auf den Vortrag zu konzentrieren, denkt er darüber nach, ob er die Erwartungen der Zuhörer erfüllen kann oder wie das Urteil über seinen Beitrag ausfallen wird. Dabei kommt es häufig zu einer Fehleinschätzung. Viele Redner glauben, dass die Zuhörer ihnen feindlich gesinnt sind. Diese Einschätzung ist falsch. Die meisten Zuhörer wissen, wie man sich fühlt, wenn man vor einer Gruppe steht, und leiden deshalb eher mit dem Redner, als dass sie ihn bewusst angreifen. Das Publikum ist wesentlich toleranter als es der Redner glaubt. Außerdem werden kleinere Fehler von den Zuhörern oft nicht bemerkt. Manchmal sind es genau diese kleinen Fehler, die den Redner „menschlich" machen und ihm beim Publikum Sympathiepunkte verschaffen.

Der Redner ist gegenüber sich selbst viel kritischer als es die Zuhörer sind. Er nimmt echte oder vermeintliche Fehler und sein Lampenfieber viel deutlicher wahr als das Publikum. Auch diese Erkenntnis wurde in meinen Seminaren regelmäßig bestätigt. Manche Teilnehmer haben sich nach den kurzen Redeauftritten vor den Seminarkollegen und der Videokamera entnervt auf ihren Platz gesetzt, obwohl von den anderen Teilnehmern übereinstimmend bestätigt wurde, dass vom Lampenfieber kaum etwas zu erkennen war.

Wichtig:

Die Angst, vor anderen zu sprechen, ist nicht naturgegeben. Wir haben uns dieses Phänomen im Laufe unserer Entwicklung angeeignet und können es durch richtiges Verhalten auch wieder überwinden.

6.1.2 Wie äußert sich Lampenfieber?

Redeangst kann sich in vielfältiger Weise äußern. Eine gängige Einteilung unterscheidet drei Ebenen:

- körperliche Symptome
- geistige Symptome
- Verhaltenssymptome

Körperliche Symptome

Körperliche Symptome werden durch eine verstärkte Freisetzung von Noradrenalin und Adrenalin durch das vegetative Nervensystem verursacht. Der Körper wird in einen Zustand höchster Leistungsbereitschaft versetzt. Die geistige Leistungsfähigkeit kann beeinträchtigt werden. Körperliche Symptome können schon bei der Vorbereitung oder unmittelbar vor und während des Vortrags auftreten. Zu den bekanntesten körperlichen Symptomen zählen:

- Blutdrucksteigerung, beschleunigter Herzschlag
- Schwitzen oder frieren, kalte Hände
- Nacken- und Muskelverspannung
- Trockener Mund, trockene Kehle, Kloß im Hals
- Atemschwierigkeiten
- Anspannung, innere Unruhe
- Kopfschmerzen und Schwindel
- Magen-Darm-Beschwerden, flaues Gefühl im Magen, Übelkeit

Geistige Symptome (Denken)

Zu den geistigen Symptomen zählt alles, was sich im Kopf des Redners abspielt. Dazu gehören sowohl die Bedenken, die der Redner hinsichtlich seiner eigenen Leistung hat, als auch der Zweifel, ob die eigene Leistung bei den Zuhörern ankommt und wie sie von diesen bewertet wird.

Das menschliche Gehirn kann in einer bestimmten Zeitspanne nur eine begrenzte Zahl an Informationen verarbeiten. Wenn es sich nun während des Vortrages mit Gedanken beschäftigt, die nichts mit dem Thema zu tun haben, dann wird dadurch die Konzentration beeinträchtigt und die eigentliche Aufgabe leidet darunter. Je höher der Angstpegel, umso so schwieriger wird die Situation erlebt. Der Glaube an die eigenen Fähigkeiten schwindet. Die Gedanken befassen sich mit den Folgen der eigenen Unzulänglichkeit; das Versagen und die Blamage und der damit verbundene Verlust an Ansehen werden antizipiert. Die geistigen Symptome äußern sich wie folgt:

- Denkblockaden, Gedankenleere
- Konzentrationsstörungen, Ablenken der Gedanken
- Beeinträchtigung der Merkfähigkeit
- Überblick geht verloren
- Selbstzweifel, unbegründete negative Selbsteinschätzung
- Flucht- und Katastrophengedanken
- Angstvolles Nachdenken über die Zuhörer
- An schwierige Formulierungen oder Passagen im Vortrag denken

Verhaltensymptome

Verhaltenssymptome sind entweder eine direkte Folge der körperlichen und geistigen Symptome oder sie sind der Versuch, körperliche und geistige Symptome zu vermeiden. Zu den bekanntesten Verhaltenssymptomen zählen:

- Meiden der Redesituation
- Stockendes Sprechen, Versprecher, falsche Pausensetzung
- Falscher Stimmeinsatz (Lautstärke, Sprechtempo)
- Einnahme von Medikamenten oder Alkohol
- Aufschiebende Vorbereitung

- Fehlender Blickkontakt zum Zuhörer
- Starrer Gesichtsausdruck
- Blackout, Blockaden

Die hier isoliert betrachteten verschiedenen Ebenen, auf denen sich Lampenfieber äußert, hängen eng miteinander zusammen und beeinflussen sich gegenseitig. Die Differenzierung in die drei Symptomebenen hilft, zu erkennen, unter welcher Symptomgruppe Sie leiden bzw. bei früheren Vorträgen gelitten haben. Nicht jeder, der einen Vortrag halten will, empfindet diese Symptome in gleicher Weise. Es gibt Abweichungen nach Art und Stärke.

Die Differenzierung in drei Symptomgruppen bietet auch Ansatzpunkte zum Gegensteuern:

- Bei den körperlichen Symptomen können Sie versuchen, die Anspannung mit Entspannung zu überwinden.
- Bei den geistigen (gedanklichen) Symptomen sollten Sie Ihr Selbstbewusstsein stärken.
- Bei den Verhaltenssymptomen sollten Sie Ihre rhetorischen Fähigkeiten weiter entwickeln.

6.1.3 Wie kommt es zu Lampenfieber?

Um gegen Ihre Redeangst angehen zu können, müssen Sie diese zunächst einmal kennen. Was verursacht die Angst? Sind es bestimmte Personen, sind es die Zuhörer als Ganzes, ist es das Thema, sind es schlechte Erfahrungen, die Sie einmal gemacht haben, oder welche anderen Ursachen sind für Ihre Redeangst verantwortlich? Redeangst entsteht durch das Zusammenwirken biologischer und sozialer Faktoren. Das wird an folgendem Beispiel deutlich.

Beispiel: Ein Redner hat seinen Vortrag bestens vorbereitet. Er kennt sich in seinem Thema aus, er hat ein ausgezeichnetes Stichwortmanuskript erarbeitet, er hat den Vortrag zur Probe gehalten und eine Aufzeichnung einem Kollegen vorgespielt, der begeistert war. Endlich ist es soweit. Die einführenden Worte werden gerade gesprochen und der Redner wartet darauf, zum Reden aufgefordert zu werden. Plötzlich werden die Hände feucht und der Schweiß bricht aus, das Herz beginnt zu rasen und der Hals wird immer trockener. Im Kopf verspürt er nur noch eine große Leere und der Wunsch, davonzulaufen wird immer größer.

Der Redner hatte plötzlich Angst, zu versagen, ihm ist bewusst geworden, dass er für die nächste halbe Stunde im Mittelpunkt steht. Das Reden vor Publikum ist für ihn keine alltägliche Situation. Die Aufmerksamkeit des Publikums ist alleine auf ihn gerichtet und er muss bestimmte Erwartungen erfüllen. Er hat vergessen, was er bieten kann und hat nur noch Schreckensbilder vor Augen.

Die Angstsituation führt zu dem bereits geschilderten biologischen Prozess. Die beiden Hormone Adrenalin und Noradrenalin werden in Sekundenbruchteilen in den Blutkreislauf geschickt und bewirken, dass sich der Körper auf Angriff oder Flucht einstellt. Die Reaktionsbereitschaft steigt und Energie wird freigesetzt. Leider bewirken diese Stresshormone noch etwas anderes: Sie blockieren die Synapsen und damit das Gedächtnis und das logische Denken.

Diese Reaktion, den Körper blitzschnell auf Hochleistung zu trimmen und gleichzeitig das Denken einzuschränken, war einmal das Rettungssystem unserer Vorfahren, das über Leben oder Tod entscheiden konnte. In kritischen Situationen (z.B. wenn der in der Literatur gern erwähnte Säbelzahntiger gegenüberstand) blieb keine Zeit mehr zum Nachdenken, sondern es musste ohne Zeitverlust zwischen Angriff oder Flucht entschieden werden. Gleichgültig, wie diese Entscheidung ausfiel, in beiden Fällen kam es zu einer körperlichen Aktion und die aufgebaute Energie wurde verbraucht.

Dieses Programm funktioniert heute nicht mehr. Wenn wir als Redner vor unseren Zuhörern stehen, dann dürfen wir diese weder angreifen, noch vor ihnen davonlaufen. Die körperliche Energie wird nicht mehr verbraucht, das Denken ist nach wie vor blockiert.

Redeangst ist eine Form der sozialen Angst

Wie kommt es nun in unserem Beispiel zu der Stressreaktion des Redners? Warum empfindet der Redner die Redesituation so bedrohlich? Lampenfieber ist eine Form der sozialen Angst und entsteht aus Vorstellungen, Erfahrungen und Ängsten, die im Laufe unseres Lebens entstanden sind.

Soziale Angst bedeutet die Angst vor Menschen, oder etwas genauer formuliert, die Angst, sich in sozialen Situationen falsch zu verhalten, weil der oder die Betreffende im Mittelpunkt der Aufmerksamkeit steht. Dahinter verbirgt sich wiederum die Angst, von anderen bewertet zu werden und bei dieser Bewertung zu versagen. Damit können Redeangst oder Lampenfieber auch als Bewertungsangst interpretiert werden. Das wird auch aus der folgenden Definition deutlich. Redeangst ist ein erlerntes Verhalten, das zu einem großen Teil auf negativen Erfahrungen in der Kindheit und Jugend beruht. Bewertungen und Verbote in Schule und Elternhaus sind die beiden bekanntesten Einflussgrößen.

Besonders wichtig in dieser Definition ist das Wort "erlernt". Denn, was wir erlernt haben, können wir auch wieder verlernen. Als Autofahrer haben wir auf dem europäischen Festland gelernt, rechts zu fahren; es ist nicht allzu schwierig, mit der notwenigen Übung in England sicher auf der linken Straßenseite zu fahren. Das gilt auch bei der Redeangst. Wenn wir gelernt haben, in bestimmten Situationen – in unserem Fall beim Sprechen vor anderen – mit Angst zu reagieren, dann können wir dieses Verhalten auch wieder verlernen und durch systematisches Üben in eine neue, positive Einstellung verändern.

Wichtig:

Redeangst ist ein erlerntes Verhalten. Es kann durch Üben in ein positives, selbstsicheres Verhalten verwandelt werden. Die Redeangst verringert sich, je häufiger wir uns der Angst auslösenden Situation stellen.

6.1.4 Mit dem Lampenfieber richtig umgehen

Vielleicht haben Sie über Ihre Redeangst schon mit anderen Menschen gesprochen und wurden damit getröstet, dass die meisten Schauspieler auch noch nach vielen Jahren Unsicherheit vor dem Auftritt verspüren. Oder es wurde Ihnen der wohlmeinende Rat gegeben, dass ein bisschen Lampenfieber notwendig sei, damit der Vortrag beim Publikum ankommt. Auch der Hinweis, dass sich die Spannung nach den ersten Sätzen schnell legen würde, ist häufig zu hören.

Solche Ratschläge sind grundsätzlich richtig, aber sie nützen Ihnen im Augenblick wenig. Sie haben die Aufgabe, in Kürze vor einer Gruppe zu sprechen und dabei reicht es nicht, zu wissen, dass auch Schauspieler dieses Problem haben oder dass sich nach den ersten Sätzen alles bessern soll. Gerade diese ersten Sätze müssen doch zunächst einmal ausgesprochen werden.

Manche versuchen es mit Flucht vor der Redesituation. Sie versuchen, der Angst aus dem Weg zu gehen, indem Sie vermeiden, zu reden. Aber das ist keine Lösung, denn Sie sollen ja eine erfolgreiche Präsentation oder einen erfolgreichen Vortrag halten. Die Flucht vor dem Problem führt zu einer Verstärkung und Verfestigung der Angst und der Redner hat keine Gelegenheit, positive Erfahrungen zu sammeln. Bei der nächsten Gelegenheit ergibt sich das Problem erneut.

Wichtig:

Flucht ist keine Lösung. Nur wer sich mit seinen Redeängsten auseinandersetzt und versucht, deren Ursachen zu ergründen, kann eine Therapie dagegen entwickeln.

Sie benötigen also ein Programm, um gegen Ihre Redeangst vorzugehen. Dabei ist zu unterscheiden, ob es sich um die schon erwähnte normale Stressreaktion handelt oder um die Angst, der Situation nicht gewachsen zu sein. Im ersten Fall wissen Sie, dass Sie bald vor Fremden einen wichtigen Auftritt haben und akzeptieren die Spannung. Im zweiten Fall macht sich der Redeängstliche dagegen zu viele falsche Gedanken, ob er das Richtige gesagt hat, ob es akzeptiert wird, ob er die Erwartungen erfüllen kann oder welche Gefahren auf ihn lauern, sich zu blamieren. Die Befürchtung, in einer solch speziellen Situation zu versagen, ist ein Hauptmerkmal der Redeangst. Es kommt zu einer Art Teufelskreis. Wer einmal in diesem Teufelskreis ist, für den wird es schwer, wieder herauszukommen. Es gibt mehrere Strategien, die aber nicht alle erfolgreich sind.

Haben Sie sich schon einmal mit einem Freund oder Kollegen oder jemand aus der Familie über Ihre Probleme beim Reden, speziell über Ihre Redeangst unterhalten? Vielleicht hat Ihnen Ihr Gesprächspartner den Rat gegeben „Bleib locker und vertraue auf deine Fähigkeiten" (oder so ähnlich formuliert). Dieser Rat hat Ihnen kurzfristig wahrscheinlich nicht geholfen, trotzdem enthält er zwei entscheidende Ansätze, um eine übergroße (blockierende) Redeangst zu überwinden und in eine positive Spannung umzuwandeln.

- Die Empfehlung, locker zu bleiben, stellt darauf ab, wie Sie durch körperliche Maßnahmen auf ihr Lampenfieber einwirken können.
- Die Empfehlung, auf die eigenen Fähigkeiten zu vertrauen, stellt auf die mentale Seite ab und bedeutet nichts anderes, als die negativen Gedanken zu überwinden und durch positive Gedanken zu ersetzen und den Vortrag mit mehr Selbstvertrauen zu bestreiten.

Genau daran fehlt es mir, wird nun mancher sagen. Ich bin nicht locker genug, weil ich Angst habe, nicht perfekt zu sein. Ich bin nicht selbstbewusst genug, um meinen Fähigkeiten zu vertrauen, weil ich daran zweifle, ob mein Vortrag den Ansprüchen genügt oder ob ich vom Publikum akzeptiert werde. Gegen beide Fehlhaltungen können Sie etwas tun.

„Reden lernt man durch Reden", sagte schon Cicero vor mehr als 2000 Jahren. Dabei hilft es Ihnen, wenn Sie sich bewusst machen, dass sie doch auch in anderen Situationen ohne Probleme sprechen können. Sie unterhalten sich jeden Tag mit Ihrem Partner oder ihrer Partnerin. Sie sprechen mit den Kollegen am Arbeitsplatz, Sie haben keine Schwierigkeiten, kleine Geschehnisse zu erzählen, die Sie erlebt haben. Die Konsequenz hieraus ist ganz einfach: Sie setzen dort an, wo Sie sich sicher fühlen. Der große Stress verschwindet, wenn Sie das, was Sie bereits beherrschen, Schritt für Schritt weiter entwickeln. Durch Übungen, die von Mal zu Mal schwieriger werden, erwerben Sie zunehmend größere Sicherheit beim Reden, d.h., Sie müssen von jetzt ab jede Redegelegenheit nutzen. Sicherheit erhalten Sie nur, wenn Sie diese Herausforderung akzeptieren. Je häufiger

Sie sich der Situation aussetzen, die Ihnen Angst macht, umso mehr reduzieren Sie die Angst.

Wenn sich nicht genug Gelegenheiten im Umgang mit anderen ergeben, dann müssen Sie sich selbst solche Möglichkeiten schaffen. Beginnen Sie mit einfachen Situationen und steigern Sie die Ansprüche kontinuierlich. Halten Sie Ihrem Hund oder Ihrer kleinen Tochter oder Ihrem Spiegelbild einen kurzen Vortrag. Nutzen Sie den Smalltalk unter Freunden oder Kollegen, Ihre Meinung zu einem bestimmten Problem darzustellen oder einen bestimmten Sachverhalt zu erklären. Suchen Sie Gleichgesinnte (mit dem gleichen Problem Behaftete) und bilden einen Diskussionskreis.

Wichtig:

Die Erfahrung zeigt, dass die Redeangst umso mehr abnimmt, je häufiger wir uns einer Angst verursachenden Situation stellen.

Aber das Üben ist nur ein Weg im Umgang mit Ihrer Redeangst. Kommen wir nochmals auf die beiden oben genannten Empfehlungen zurück. Glauben Sie an Ihre Fähigkeiten und vertrauen Sie darauf. Sehen Sie einen Vortrag oder eine Präsentation nicht als Belastung sondern als Chance. Überwinden Sie Ihre Selbstzweifel und setzen Sie sich mit Ihrer Redeangst auseinander. Deshalb lautet die zweite Regel: Glauben Sie an sich und stärken/verbessern Sie Ihr Selbstbewusstsein. Die Forderung, selbstbewusst in einen Vortrag zu gehen, ist für viele Redner das größere Problem. An Vertrauen in die eigenen Fähigkeiten mangelt es bei vielen Rednern, weil sie sich mit anderen vergleichen und zu dem Ergebnis kommen, dass sie nicht mithalten können. Einzelheiten werden im folgenden Abschnitt 6.2 behandelt.

Wer nicht locker genug ist, ist angespannt. Dieser Anspannung können Sie mit Entspannung begegnen. Zwar ist das Reden vor anderen immer mit etwas Spannung verbunden, aber diese darf nicht über ein gewisses Maß hinausgehen, sonst kann sie zum entscheidenden Hindernis werden. Ein weiterer Ansatzpunkt zur Überwindung der Redeangst lautet deshalb: Eignen Sie sich eine Entspannungsmethode an, damit Sie die Anspannung mit gezielten

Entspannungsübungen überwinden können. Einzelheiten werden in Abschnitt 6. 3 behandelt.

Die beiden Forderungen, einen Vortrag locker und selbstbewusst zu bestreiten, sind am wichtigsten. Allerdings kann sich jemand nur dann selbstbewusst verhalten und auf seine eigenen Fähigkeiten vertrauen, wenn er auch etwas zu sagen hat. Das erfordert eine umfassende Vorbereitung. Deshalb ist eine rechtzeitige Vorbereitung eine weitere wesentliche Erfolgsvoraussetzung. Einzelheiten wurden in den Kapiteln 2 und 3 behandelt.

Damit ergeben sich für Ihr Programm zur Überwindung von Redeangst oder Lampenfieber mehrere Bausteine (Trainingsschritte):

- Trainingsschritt 1: Sicherheit gewinnen durch eine gute Vorbereitung
- Trainingsschritt 2: Negative Gedanken überwinden – an die eigenen Fähigkeiten glauben
- Trainingsschritt 3: Eine Entspannungstechnik erlernen
- Trainingsschritt 4: Üben bei allen Gelegenheiten

Schließlich kommt als letzter Baustein noch der Umgang Störungen hinzu. Die beiden am häufigsten genannten Störquellen sind der Blackout und von anderen Personen verursachte Störungen (z.B. Zwischenrufe). In Kapitel 7 finden Sie einen Notfallkoffer für die Ernstsituation, d.h. das richtige Verhalten vor und während des Vortrags sowie Hilfen für den Umgang mit Störungen.

Übung: Sicherheit aufbauen

Wer besonders stark mit Lampenfieber zu kämpfen hat, für den können auch die vorgeschlagenen Übungen in der Familie, im Freundeskreis oder mit Kollegen schon zu schwierig sein. In solchen Fällen müssen Sie sich stufenweise an die Redesituation herantasten:

- Entwerfen Sie zu einem Erlebnis, über das Sie Ihrer Familie oder guten Bekannten berichten wollen, ein Stichwortmanuskript. Üben Sie zunächst alleine mit Ton- oder Videokontrolle, ehe Sie den Vortrag vor der Familie oder den Bekannten halten.
- Führen Sie die Übung in derselben Weise durch und verwenden Sie an Stelle des persönlichen Erlebnisses einen Kurzbericht aus der Tageszeitung.

- Erarbeiten Sie zu einem betrieblichen Thema ein kurzes Statement, das Sie nach dem Training im stillen Kämmerlein Ihren Mitarbeitern oder Kollegen vortragen.
- Steigern Sie den Umfang der vorstehenden Übungen von einer bis zu zehn Minuten.
- Bereiten Sie für angekündigte Besprechungen und Konferenzen zu einzelnen Tagesordnungspunkten kurze Beiträge vor. Verschaffen Sie sich auch hier zuvor die erforderliche Sicherheit durch Probevorträge.

Übungsziel: Sie überwinden die Redeangst, indem Sie sich das Wissen verschaffen, dass Sie den Vortrag schon in mehreren Situationen gehalten haben.

6.2 An die eigenen Fähigkeiten glauben

Der offene Umgang mit der Angst ist der erste Schritt zu ihrer Bewältigung. Sie haben die Wahl zwischen zwei Möglichkeiten. Entweder Sie kritisieren oder beschimpfen sich und verdrängen damit das eigentliche Problem, so dass es beim nächsten Mal wieder auftaucht, oder aber Sie akzeptieren das Problem und suchen nach Wegen, es zu überwinden.

6.2.1 Problem akzeptieren

Akzeptieren Sie Ihr Lampenfieber und versuchen Sie nicht, es zu verdrängen. Durch Verdrängen wird der innere Druck verstärkt, wodurch zwangsläufig weitere Schwierigkeiten entstehen, die zu Fehlern führen können. Wesentlich besser, als die Angst zu verdrängen, ist es, sie zu akzeptieren, d.h. zumindest in dieser Phase mit der Angst zu leben und sie nach und nach durch weitere Erfahrungen und Übungen abzubauen.

Nur Sie allein können mit Ihrem Lampenfieber richtig umgehen. Andere Menschen können Ihnen vielleicht gute Ratschläge erteilen, aber niemand kann Ihnen Ihre Angst direkt nehmen. Das gilt auch für dieses Buch und seinen Autor. Nur, wenn Sie Ihr Lampenfieber zunächst akzeptieren und in Ihr rednerisches Handeln einbeziehen, werden Ihnen die weiteren Ratschläge nützlich sein.

Wichtig:

Akzeptanz und ein offener Umgang mit dem Lampenfieber sind die ersten Schritte zu seiner Bewältigung.

Sich selbst und seine Probleme zu akzeptieren, ist nicht einfach. Wir wollen doch besser sein, wir wollen doch überzeugen und nun sollen wir uns mit allen Fehlern und Schwächen plötzlich selbst akzeptieren, so wie wir gerade sind. Bei anderen Dingen akzeptieren wir uns doch auch. Welcher Autofahrer gibt den Führerschein ab, nur weil er einmal das Garagentor gestreift hat?

Falls Sie der Meinung sind, dieser Fall lässt sich nicht mit dem Problem Lampenfieber vergleichen, dann lesen Sie bitte das folgende Beispiel und übertragen es auch eine für Sie selbst zutreffende Situation.

Beispiel: Ihr Vorgesetzter fragt: „Wer möchte auf der nächsten Abteilungsbesprechung die Quartalszahlen vorstellen?". Sie könnten diese Aufgabe leicht übernehmen, aber Sie haben Angst, vor dem Vorgesetzten und den Kollegen zu sprechen. Sie fürchten sich vor dem Lampenfieber, das Ihnen schon immer beim Reden Schwierigkeiten bereitet hat. Ein Kollege übernimmt den Vortrag und Sie merken, alles, was dieser gesagt hat, hätten Sie auch sagen können, vielleicht sogar noch etwas besser. Aber Sie haben sich nicht getraut und ärgern sich darüber. Damit haben Sie zwei Probleme:

- Problem 1: Sie haben sich wieder einmal nicht getraut, vor anderen zu sprechen. Ihr Problem Lampenfieber bleibt erhalten.
- Problem 2: Sie ärgern sich, weil Sie wissen, dass Sie den Vortrag ohne weiteres hätten übernehmen können, aber wegen Ihres Lampenfiebers gepasst haben.

Insbesondere das Problem 2 ist gravierend, denn Sie wissen, dass Sie dieses Problem nicht hätten, wenn Sie das Problem 1 vermieden und endlich einmal einen Vortrag übernommen hätten. Sie beschäftigen sich nun mit dem Problem 2 (Ärger) und kommen überhaupt nicht dazu, sich mit dem eigentlichen Problem Lampenfieber auseinanderzusetzen. Dieses Problem bleibt Ihnen auch in Zukunft erhalten.

Wenn Sie dagegen das Problem 1 (hier das Lampenfieber) bzw. sich selbst akzeptieren mit all Ihren Stärken und Schwächen, dann haben Sie gute Chancen, sich zu bessern.

Dabei ist wichtig, dass Sie deutlich unterscheiden zwischen Ihrem Wert als Mensch und der Bewertung einzelner Eigenschaften oder Leistungen. Dies gilt sowohl für schlechte als auch für gute Leistungen. Ob jemand ein guter oder schlechter Redner ist, sagt nichts darüber aus, ob er ein guter oder schlechter Mensch ist. Die Erfahrung lehrt, dass es manchen Menschen schwer fällt, sich mit Problemen und Fehlern zu akzeptieren

Sehen Sie das Lampenfieber als etwas Positives. Sie zeigen dadurch, dass bei Ihnen noch nicht alles zur Routine erstarrt ist, und dass Sie nicht an Selbstüberschätzung leiden. Außerdem beweisen Sie, dass Sie Erfolgsbewusstsein besitzen.

Wichtig:

Nehmen Sie für sich in Anspruch, auch einmal einen Fehler machen zu dürfen. Wesentlich wichtiger, als fehlerlos zu sprechen, ist die Bereitschaft, überhaupt zu sprechen.

Selbstakzeptanz ist die Basis für ein gesundes Selbstbewusstsein. Nur wer sich selbst akzeptiert und so annimmt, wie er ist, kann auf dieser Ist-Situation aufbauen. Er verfügt über ein verstärktes, verbessertes Selbstbewusstsein und demonstriert nach außen genügend Selbstsicherheit.

6.2.2 Selbstbewusstsein stabilisieren

Mangelndes Selbstbewusstsein ist nicht nur ein Problem beim Reden vor anderen. Menschen mit einem eingeschränkten Selbstbewusstsein müssen sich mit unterschiedlichen Problemen im beruflichen wie privaten Umfeld auseinandersetzen. Es stellt in vielen Situationen sowohl im Beruf als auch im Privatleben eine soziale Hürde dar, die gemeistert werden muss.

Wer unter mangelndem Selbstbewusstsein leidet, tut sich schwer, tatsächliche oder befürchtete Kritik oder Ablehnung zu akzeptieren.

Kritik oder Ablehnung durch andere werden sofort auf die eigene Person projiziert. Kommunikationsbereitschaft und Kontaktfreudigkeit sind bei mangelndem Selbstwertgefühl wegen der befürchteten Angst vor Ablehnung nur eingeschränkt oder gar nicht vorhanden.

Mangelndes Selbstbewusstsein ist oft auch von Selbstzweifeln und dem Gefühl begleitet, nicht mithalten zu können oder nicht gut genug zu sein. Ein verbessertes Selbstbewusstsein (Selbstwertgefühl) ist erlernbar.

Die folgenden Tipps und Techniken nützen nichts, wenn die notwendige Grundeinstellung zu einem selbstbewussten Auftreten fehlt. Deshalb bedeutet der nächste Schritt zur Überwindung des Lampenfiebers (und zur erfolgreichen Kommunikation überhaupt), dass Sie sich um eine Stärkung Ihres Selbstbewusstseins bemühen:

Selbstbewusstsein aufbauen

- Lernen Sie sich besser kennen. Machen Sie sich bewusst, über welche Stärken Sie verfügen. Machen Sie sich Ihrer positiven Eigenschaften bewusst.
- Stehen Sie zu Ihren Fähigkeiten. Weisen Sie auf Ihre Stärken hin.
- Stehen Sie zu Ihren Interessen und Neigungen. Wenn Ihnen die Lektüre eines spannenden Kriminalromans mehr bedeutet als der Besuch eines Konzerts, dann vertreten Sie dies anderen gegenüber.
- Denken Sie positiv. Sehen Sie auch im Alltagsgeschehen das Positive.

- Nehmen Sie zu anderen Menschen Kontakt auf. Sprechen Sie die Menschen an. Pflegen Sie die zwischenmenschlichen Beziehungen.
- Betreiben Sie keinen übertriebenen Perfektionismus.
- Lernen Sie, mit Kritik umzugehen.
- Sagen Sie öfters einmal „Nein".
- Machen Sie sich bewusst, welche Erfolge Sie in der Vergangenheit erzielt haben.
- Übernehmen Sie Verantwortung.
- Sehen Sie Ihren Vortrag oder Ihre Präsentation als Chance, Ihren Sachverstand und Ihre Kreativität vor anderen zu demonstrieren.
- Überprüfen Sie Ihre Ausstrahlung.
- Halten Sie, wo immer möglich, Blickkontakt. Blickkontakt, verbunden mit einer aufrechten Haltung, strahlt Selbstbewusstsein aus!
- Lächeln Sie öfters. Lächeln ist die schnellste Möglichkeit, um sich innerhalb kürzester Zeit positiv einzustimmen und das Selbstbewusstsein zu steigern.

Wenn Sie über ein ausreichendes Maß an Selbstbewusstsein verfügen, dann wird dies auch durch Ihre Körpersprache deutlich. Sie werden nicht verlegen von einem Bein auf das andere treten, den Blick senken und mit zittriger Stimme nach Worten suchen. Sie werden vielmehr Ihr Publikum ansehen und mit kontrollierter Stimme in normalem Sprechtempo und mit normaler Lautstärke eine Antwort formulieren.

6.2.3 Angst auslösende Gedanken ersetzen

Wer sein Lampenfieber überwinden möchte, muss an dessen Ursache ansetzen, nämlich an den Angst erzeugenden Gedanken. Ziel muss es sein, Versagensängste, Angst vor Kritik oder andere negative Gedanken abzubauen und dafür positive Gedanken aufzubauen und zu stärken.

Schon der römische Stoiker Epiktet (50–138 n. Chr.) hat erkannt: *„Nicht die Dinge selbst beunruhigen die Menschen, sondern die Vorstellungen von den Dingen."* Auf das Problem Lampenfieber übertragen heißt das:

Wichtig:

Es sind nicht der Vortrag oder die Präsentation selbst, welche die Angst auslösen, sondern es sind die Gedanken, die der Redner sich darüber macht.

Nicht alle Gedanken, die sich ein Redner über einen Vortrag macht, belasten. Nur die falschen. Natürlich muss ein Redner über einen Vortrag oder eine Präsentation nachdenken, bevor er vor sein Publikum tritt. Ziel, Inhalt, Gliederung oder Zuhörererwartungen sind nur einige Aspekte, über die sich der Redner klar werden muss. Aber diese Gedanken sind auch nicht gemeint, wenn es um Lampenfieber geht. Belastende, Angst auslösende Gedanken sind die falschen oder überflüssigen Gedanken, die eben auch vorkommen. Bin ich diesem Zuhörerkreis gewachsen? Was werden Herr X oder Frau Y zu meinen Ausführungen sagen? Stört mein Dialekt? Das sind nur drei Beispiele für Angst auslösende Gedanken, als deren Folge es zu Lampenfieber kommen kann.

Diese Gedanken sind nicht unabänderlich. An anderer Stelle wurden biologische und soziale Ursachen des Lampenfiebers unterschieden. Soweit die Angst als biologisches Problem verstanden wird, haben wir nur begrenzt Einfluss darauf. Niemand kann die Evolution zurückdrehen. Der Mensch muss damit leben, dass in Situationen, in denen Gefahr droht, der Körper in einer ganz bestimmten Art und Weise reagiert. Durch die Angst werden im Organismus Reserven mobilisiert und wir stellen uns auf Flucht oder Angriff ein. Biologische Ursachen treten aber bei einem Vortrag oder einer Präsentation kaum auf. Von wenigen Ausnahmen abgesehen, müssen Sie sich weder vor wilden Tieren fürchten noch damit rechnen, dass Sie mit Steinen oder anderen Gegenständen beworfen werden.

Lampenfieber tritt normalerweise dann auf, wenn wir eine Situation als soziale Bedrohung empfinden. Im Gegensatz zur Angst als biologische Bedrohung können wir in sozialen Situationen reagieren.

Wichtig:

Soziale Ängste sind veränderbar. Wir haben sie im Laufe der Zeit erworben (erlernt) und können sie durch bewusstes Handeln auch wieder überwinden (verlernen).

Anstatt sich durch Angst auslösende Gedanken in Panik zu versetzen, ist es auch möglich, diese durch beruhigende und positive Gedanken und Vertrauen in die eigenen Fähigkeiten zu ersetzen. Für die praktische Umsetzung bedeutet das, dass negative, Angst auslösende Gedanken sofort gestoppt und durch positive, hilfreiche Gedanken ersetzt werden müssen. Zumeist reicht es, wenn der negative Gedanke ins Positive umgewandelt wird.

Beispiel: Der Mitarbeiter hört von seinem Vorgesetzten, dass er diesen bei der Kammer mit einem Vortrag zum betrieblichen Personalentwicklungskonzept vertreten soll. Er beherrscht das Thema, aber er zweifelt, ob er der Situation gewachsen ist, denn es handelt sich um einen Arbeitskreis von Experten, vor dem er noch nie gesprochen hat. Er unterdrückt die aufkommenden negativen Gedanken und denkt stattdessen:

- Ich beherrsche mein Thema.
- Ich habe schon vor einigen Gruppen gesprochen, warum nicht auch vor diesem Kreis.
- Hier habe ich Gelegenheit, zu zeigen, dass ich auch meinen Vorgesetzten vertreten kann.

In der folgenden Übersicht sind exemplarisch einige Angst auslösende Gedanken und mögliche entgegenstehende hilfreiche Gedanken abgedruckt. Ergänzen Sie die Tabelle durch weitere Beispiele, die auf Sie zutreffen könnten.

Angst auslösender Gedanke	Hilfreicher Gedanke
Schaffe ich das überhaupt?	Ich habe mich sehr gut vorbereitet.
Wie reagiere ich, wenn jemand eine Frage stellt?	Ich bin gut vorbereitet. Ich weiß mehr, als ich im Vortrag sage.
Ist mein Thema interessant genug?	Das Thema wurde mir vorgegeben.
Was tue ich, wenn ich nicht mehr weiter weiß (Blackout)?	Ich kenne mehrere Möglichkeiten, um einen Blackout zu überwinden.

Angst auslösender Gedanke	**Hilfreicher Gedanke**
Ich darf mich nicht versprechen.	Versprecher kommen vor. Auch die Sprecher der Tagesschau versprechen sich.
Falls mein Vortrag nicht ankommt, bin ich ein Versager.	Ich habe andere Stärken, ein misslungener Vortrag macht mich nicht zum Versager.
Ich darf keine Fehler machen.	Fehler werden überall gemacht, wegen eines Fehlers ist nicht die ganze Präsentation misslungen.

Die Empfehlung, negative Gedanken durch hilfreiche Gedanken zu ersetzen, ist eine verkürzte Form der von dem amerikanischen Psychologen Albert Ellis entwickelten rationalen Selbstanalyse (RSA). Ellis geht vom so genannten ABC-Schema aus, mit dessen Hilfe er unsere Einstellung zur Problemsituation analysiert. Einfach ausgedrückt heißt das, dass unser Verhalten (C) nicht direkt durch ein Ereignis (A) ausgelöst wird, sondern durch die Bewertung (B) dieses Ereignisses. Das bedeutet, wie schon gesagt, es ist nicht der Vortrag (A) selbst, der die Angst (C) auslöst, sondern es sind die Gedanken (B), die sich der Redner darüber macht.

Diese Gedanken können hilfreich oder schädlich sein. Ellis spricht von rationalen oder irrationalen Gedanken. Die schädlichen (irrationalen) Gedanken führen zu Angst und Frustration. Sie werden in einem Schritt D infrage gestellt und durch hilfreiche (rationale) Gedanken E ersetzt. Das vorhergehende Beispiel um die Stufen D und E ergänzt könnte wie folgt aussehen:

Beispiel: Der Mitarbeiter hört von seinem Vorgesetzten, dass er diesen bei der Kammer mit einem Vortrag zum betrieblichen Personalentwicklungskonzept vertreten soll (A). Er beherrscht das Thema (C), aber er zweifelt, ob er der Situation gewachsen ist, denn es handelt sich um einen Arbeitskreis von Experten, vor dem er noch nie gesprochen hat (B). Er kann den Vortrag nicht ablehnen und überlegt, ob seine Angst, vor diesem Kreis zu sprechen, wirklich berechtigt ist (D). Er kommt zu dem Ergebnis, dass der Vortrag vor dem Arbeitskreis zwar mit einer gewissen Spannung verbunden sein wird, dass er aber auch gleichzeitig die Chance hat, seinen Vorgesetzten zu vertreten und sein Wissen vor einem anderen Zuhörerkreis als bisher zu demonstrieren (E). Der schädliche Gedanke, nämlich der Zweifel, dem Vortrag nicht gewachsen zu sein, wird durch den hilfreichen Gedanken ersetzt, sein Wissen vor einem besonderen Zuhörerkreis demonstrieren zu können.

Zur Analyse der Gedanken in Schritt D empfehlen die Psychologen zwei Fragen (Steinbuch, S. 48, Wolf/Merkle, S. 15):

- Ist das, was ich denke, wahr? Entspricht es den Tatsachen?
- Ist das, was ich denke, hilfreich? Hilft es mir, mich so zu verhalten, wie ich möchte?

Mithilfe dieser beiden Fragen sollten Sie zu dem Ergebnis kommen, dass negative Gedanken schädlich sind und diese deshalb durch positive Gedanken ersetzen.

Wichtig für den Erfolg ist auch, dass Sie nicht das Idealbild eines Redners anstreben (z.B. Reden wie die Sprecherinnen oder Sprecher der Tagesschau). Wie schon ausgeführt, geht es zunächst darum, dass Sie sich mit Ihren derzeitigen Stärken und Schwächen akzeptieren. Nur diese Ist-Situation kann der Ausgangspunkt für schrittweise Veränderungen sein. Wenn es Sie stört, dass Sie einen leichten Dialektanklang haben, dann können Sie sich zwar um eine zunehmende Anpassung an eine schriftdeutsche Aussprache bemühen, aber Sie müssen für eine bestimmte Zeit auch bereit sein, den leichten Anklang an Ihre Herkunftsregion zu akzeptieren.

Natürlich erfordert eine Umstellung des Denkens von schädlichen zu hilfreichen Gedanken eine gewisse Zeit und Übung. Folgender Ablauf ergibt sich:

- Akzeptanz der persönlichen Stärken und Schwächen
- Entwickeln von genügend Selbstbewusstsein, auch einmal einen Fehler machen zu dürfen
- Sofortiger Stopp aller negativen Gedanken
- Ersetzen der negativen Gedanken durch hilfreiche Gedanken
- Üben bei jeder Gelegenheit

Eine Hilfe, um den Umstieg von schädlichen zu hilfreichen Gedanken zu vollziehen, ist die Analyse und Umstrukturierung vergangener Redesituationen. Prüfen Sie, welche negativen Gedanken das

Lampenfieber bei Ihnen ausgelöst haben. Versuchen Sie anschließend, das Positive dieser Gedanken zu erkennen. Ein negativer Gedanke könnte z.B. sein, dass Sie aufgeregt sind, weil Sie noch nie vor so einem großen Zuhörerkreis gesprochen haben. Positiv umgewandelt könnten Sie sich z.B. vorstellen, dass Sie erstmals Gelegenheit haben, Ihre Ideen vor einem größeren Zuhörerkreis vorzutragen. Sie denken nun nicht mehr an mögliche Probleme durch den großen Zuhörerkreis, sondern Sie konzentrieren sich auf Ihre Präsentation.

6.2.4 Imagination

Eine weitere Möglichkeit, Angst auslösende Gedanken zu überwinden, ist die Imagination. Gemeint ist eine positive Beeinflussung des Unterbewusstseins durch bildhafte Vorstellungen. Imagination ist eine Methode, die es Ihnen ermöglicht, sich mithilfe von Vorstellungsübungen auf eine bevorstehende Situation einzustimmen.

Das Unterbewusstsein kann nicht zwischen Realität und Vorstellung unterscheiden. Durch Visualisierung Ihrer Gedanken bieten Sie Ihrem Unterbewusstsein den geistig schon erreichten Endzustand an. Dabei haben Sie wiederum die Wahl zwischen positiven und negativen Bildern. Leider nutzen viele Menschen diese Methode nur in negativer Richtung, indem sie sich Angst auslösende Bilder vorstellen. Das muss nicht sein. Bei der im vorhergehenden Abschnitt dargestellten Methode des Gedankenaustauschs wurden negative Gedanken durch positive Gedanken ersetzt. Bei der Imagination geht es darum, dass Sie sich von vornherein positive, erfolgreiche Situationen bildhaft vorstellen.

Ein bekanntes Beispiel zur Imagination ist Ihnen aus dem Sport bekannt, z.B. im alpinen Skisport, wenn sich die Rennläufer wenige Minuten vor dem Start mit geschlossenen Augen auf die bevorstehende Strecke vorbereiten. Die Skiläufer sehen sich, wie auf einem (inneren) Film, wie sie die Tore umfahren und sicher im Ziel ankommen.

Diese Möglichkeit, sich mit bildhaften Vorstellungen auf die nächste Aufgabe einzustimmen, kann auch bei Vorträgen oder Präsentationen eingesetzt werden. Stellen Sie sich vor, wie Sie einen erfolgreichen Vortrag halten. Sie stehen locker vor ihren Zuhörern; Sie handeln ihr Thema entsprechend ihrer Vorbereitung fließend ab, das Publikum hört Ihnen konzentriert zu oder spendet Beifall. Sie haben keine Schwierigkeiten, auf Fragen aus dem Publikum zu antworten. Denken Sie an die bevorstehende Situation oder rufen Sie sich gelungene Beispiele aus der Vergangenheit in Erinnerung. Entscheidend ist, dass Sie an den Erfolg Ihres Vortrags oder Ihrer Präsentation glauben.

Beispiel: Greifen wir auf das vorher beschriebene Beispiel zurück. Der Mitarbeiter würde nicht nur denken, dass er sein Wissen vor dem besonderen Zuhörerkreis darbieten kann, sondern er würde sich bildhaft vorstellen, wie er vor dem neuen, anspruchsvollen Zuhörerkreis steht und sein Wissen darlegt. Er „sieht", wie ihm die richtigen Worte über die Lippen kommen oder wie am Ende seiner Ausführungen die begeisterten Zuhörer applaudieren.

Es reicht allerdings nicht aus, einmal an die positiven Bilder und Fantasien zu denken. Schaffen Sie sich Übungsgelegenheiten, um die Methode in realen Redesituationen praktisch umzusetzen. Als Zuhörer kommen die Familie, Freunde oder Kollegen oder jede andere Gruppe infrage. Auch die Übung im Rollenspiel mit Gleichgesinnten ist denkbar. Auch die folgende Übung verdeutlicht, dass wir selbst entscheiden können, woran wir denken. Entscheidend ist, dass Sie sicher und selbstbewusst vor der Gruppe stehen und auch bereit sind, nicht ganz perfekt zu sein. Je häufiger Sie die Situation in Ihrer Vorstellung durchspielen, umso ruhiger und gelassener sind Sie im Ernstfall.

Übung: Imagination

Stellen Sie sich nacheinander verschiedene Situationen (Bilder) vor, z.B. Bild 1: Wie Sie am Frühstückstisch sitzen. Bild 2: Ihren täglichen Arbeitsplatz. Bild 3: Das Geschäft, in dem Sie regelmäßig einkaufen usw. Wechseln Sie nun von Bild zu Bild. Das dürfte Ihnen keine Schwierigkeiten bereiten.

Übungsziel/Erkenntnis: Sie können selbst entscheiden, woran Sie denken.

6.3 Entspannung contra Anspannung

Anspannung gehört zum Alltag. Ohne ein gewisses Maß an Anspannung wäre das Leben nicht zu bewältigen. Allerdings darf die Anspannung nicht zu hoch sein und sie muss regelmäßig durch Erholung wieder ausgeglichen werden. Diese grundsätzlichen Überlegungen gelten auch für das Reden vor anderen. Ohne jegliche Spannung wäre ein Vortrag langweilig. Wir haben es an anderer Stelle schon gesagt: Ein bisschen Spannung oder Lampenfieber gehört dazu. Aber die Anspannung darf uns nicht völlig beherrschen.

Der Anspannung steht die Entspannung gegenüber. Entspannung und Anspannung sind gegensätzliche Erscheinungen und schließen sich damit aus. Durch eine bewusste Entspannung vor einem Redeauftritt werden Körper und Geist stabilisiert. Entspannungsübungen beruhigen den Gedankenfluss und helfen beim Abbau von Stress. Wer eine Entspannungstechnik beherrscht, verfügt über eine Fähigkeit, den Körper bewusst ruhig zu stellen. Wer keine solche Technik beherrscht, sollte sie sich antrainieren.

Solange Sie unbeobachtet sind, können Sie auch noch kurz vor einem Vortrag eine Entspannungsübung durchführen. Wenn es Ihnen damit gelingt, die Stresssituation vor oder während des Vortrages zu entspannen, dann führt dies auf jeden Fall zu einer Erleichterung.

Wichtig:

Wenn Sie eine Entspannungsmethode beherrschen, dann sollten Sie diese vor dem Vortrag einsetzen und damit Ihre Nervosität und die damit verbundenen körperlichen Symptome lindern.

Die Bandbreite möglicher Entspannungstechniken ist groß. Während manchem bereits ein kleiner Spaziergang, ein tiefes Durchatmen oder ein kräftiges Dehnen und Strecken reicht, wenden andere eine bestimmte Methode systematisch an. U. a. haben sich folgende Techniken bewährt:

- Atemtechniken
- Progressive Muskelentspannung
- Autogenes Training
- Yoga
- Meditation
- Autosuggestion

Teilweise unterstützen sich diese Techniken gegenseitig. So ist es zum Beispiel möglich, sich durch Autosuggestion bewusst zu machen, dass Sie ruhig atmen.

Wichtig:

Erlernen Sie eine Entspannungsmethode. Je besser Sie eine Methode beherrschen, umso größer ist die Chance, diese zum richtigen Zeitpunkt abrufen zu können.

Nachfolgend werden einige Atemtechniken sowie die besonders verbreitete Progressive Muskelentspannung besprochen. Eine Entspannungsmethode sollte idealerweise unter Anleitung erlernt werden. Einführungskurse in das Autogene Training oder in die Progressive Muskelentspannung umfassen im Allgemeinen nur acht Sitzungen und werden bei vielen Volkshochschulen angeboten.

6.3.1 Atmung und Bewegung

Atmung und Bewegung sind zwei kurzfristig einsetzbare Möglichkeiten gegen Lampenfieber. Bewegung hilft, um den Adrenalinüberschuss im Körper abzubauen. Dabei müssen Sie keine großen sportlichen Leistungen vollbringen. Ein paar Kniebeugen, eine Treppe hochsteigen, ein Gang zur Toilette oder ein kurzer Spaziergang reichen bereits aus, Nervosität abzubauen. Durch die Bewegung wird Sauerstoff aufgetankt und die Spannung geht zurück. Zwar würde Ihr Körper Adrenalin auch ohne Bewegung abbauen, aber nur sehr langsam. Durch Bewegung wird der Adrenalinabbau dagegen beschleunigt, Sauerstoff wird aufgebaut und die Spannung geht zurück.

Einige grundlegende Überlegungen und Übungen zur Atmung wurden bereits in Abschnitt 4.3.5 dargestellt. Eine einfache Möglichkeit, zu entspannen und unerwünschte körperliche Symptome zu reduzieren, ist die sog. Spontanentspannungstechnik (Wolf/Merkle, S. 63). Wer ängstlich ist, neigt dazu, seine Atmung zu beschleunigen. Dies kann zu Schwindelgefühl und einer weiteren Steigerung der Angst führen. Bei der Spontanentspannungstechnik wird dagegen durch bewusstes Atmen ein Gefühl der Entspannung erzielt. Die Technik ist universell anwendbar; sie kann leicht erlernt werden und ist ohne Training einsetzbar. Sie atmen tief ein und unmittelbar danach wieder langsam aus und halten dann den Atem für einige Sekunden an. Dabei lenken Sie durch Zählen von den Angst erzeugenden Gedanken ab. Die Spontanentspannungstechnik kann unmittelbar vor einem Vortrag eingesetzt werden, wenn Ihnen nur noch wenig Zeit zur Verfügung steht.

Übung: Spontanentspannung

„Atmen Sie etwas tiefer ein, als Sie das gewöhnlich tun. Dann atmen Sie in einer Bewegung wieder aus, ohne den Atem nach dem Einatmen anzuhalten. Wenn Sie ausgeatmet haben, halten Sie Ihren Atem für ca. 6 bis 10 Sekunden an. Finden Sie selbst heraus, welche Zeit für Sie am angenehmsten ist. Zählen Sie in Gedanken von 1001 bis 1006 oder 1010 (eintausendundeins, …, eintausendsechs). Nachdem Sie den Atem angehalten haben, atmen Sie wieder ein, atmen in einer Bewegung wieder aus, ohne den Atem anzuhalten, und halten ihn dann für weitere 6 bis 10 Sekunden an."

Führen Sie diese Übung mindestens 2 bis 3 Minuten lang durch, bis Sie sich deutlich entspannter und ruhiger fühlen.

6.3.2 Progressive Muskelentspannung

Die progressive Muskelentspannung ist ein Entspannungsverfahren, bei dem durch bewusste An- und Entspannung bestimmter Muskelgruppen eine tiefe Entspannung des ganzen Körpers erreicht werden soll. Das Verfahren wurde von dem Arzt und Psychophysiologen Edmund Jacobson in den 20er Jahren des vergangenen Jahrhunderts entwickelt. Jacobson hat bei seinen Patienten beobachtet, dass psychische Belastungen, Angst und Muskelverspannungen oftmals miteinander verbunden sind und sich wechselseitig verstärken können. Ein Mensch, der seelisch angespannt ist, ist auch muskulär angespannt. Auf der Grundlage dieser Wechselwirkung zwischen muskulärer und psychischer Befindlichkeit entwickelte Jakobson ein Verfahren zur Entspannung der gesamten Muskulatur.

Bei der progressiven Muskelentspannung werden nacheinander einzelne Muskelgruppen (z.B. die rechte Hand oder der rechte Arm) für einige Sekunden willentlich angespannt, gehalten und anschließend losgelassen. Die auf die Anspannung folgende Entspannungsphase soll deutlich länger dauern als die Anspannungsphase. Das Umschalten zwischen Anspannung und Entspannung wird nach und nach an allen wichtigen Muskelpartien durchgeführt.

Die progressive Muskelentspannung ist leicht erlernbar. Sie eignet sich für Menschen, die sich innerhalb kurzer Zeit entspannen möchten, also auch in Stresssituationen vor oder während eines Redeauftritts. Darüber hinaus gibt es zahlreiche weitere Einsatzmöglichkeiten:

- bei psychischen Spannungszuständen, wie Nervosität, innere Unruhe oder Gereiztheit,
- als Gesundheitsprophylaxe bei spannungsbedingten Beschwerden, wie Rücken-, Schulter- oder Kopfschmerzen,
- zur Regulierung des vegetativen Nervensystems,
- bei Schmerzzuständen jeder Art, zum Lösen von Verkrampfung und Abwehrspannungen und damit zur Schmerzlinderung,
- bei Migräne und Spannungskopfschmerzen,
- zur Ablenkung von Grübelei, so dass damit eine größere Ruhe zum Beispiel bei Schlafstörungen erreicht wird.

In Stresssituationen ist die progressive Muskelentspannung nur wirksam, wenn Sie das Verfahren gut beherrschen und über ausreichend Erfahrung verfügen. Um das Verfahren richtig zu erlernen, sollte in der Anfangsphase regelmäßig über einen Zeitraum von mehreren Wochen hinweg geübt werden. Der Übungsfortschritt ist individuell unterschiedlich. Brechen Sie nicht ab, wenn Sie in der Anfangsphase nicht sofort Erfolge erkennen. Haben Sie Geduld und üben Sie keinen Druck auf sich aus. Mit fortschreitender Übungsdauer wird es Ihnen immer leichter fallen, sich durch den Wechsel zwischen Anspannung und Entspannung in einen entspannten Zustand zu versetzen.

Besonders wirkungsvoll ist die Entspannung mit Hilfe einer gesprochenen Anleitung. Die Anleitung zur progressiven Muskelentspannung gibt es als CD oder sie kann vom Internet heruntergeladen werden.

Ursprünglich arbeitete Jacobson mit 30 Muskelgruppen. Bei der Weiterentwicklung wurden kürzere Versionen entwickelt. Einige Autoren schlagen verschiedene Varianten vor. Dabei werden die längeren Versionen (z.B. mit 16 Muskelgruppen) eher zum Erlernen des Verfahrens und die Kurzversionen für den Einsatz im Ernstfall (z.B. kurz vor einem Vortrag) empfohlen.

Der Übungsablauf enthält üblicherweise folgende Muskelgruppen, die einzeln oder zusammengefasst nacheinander trainiert werden:

- rechte Hand (Faust)
- rechter Unterarm
- rechter Oberarm
- linke Hand (Faust)
- linker Unterarm
- linker Oberarm
- Stirn
- Augenpartie
- Nase
- Mundpartie mit Unterkiefer
- Nacken
- Schultern
- Rücken
- Bauch
- rechter Fuß
- rechter Unterschenkel
- rechter Oberschenkel
- linker Fuß

- linker Unterschenkel
- linker Oberschenkel

Bei der Durchführung der progressiven Muskelentspannung haben sich folgende Regeln bewährt:

- Führen Sie das Entspannungstraining jeweils am gleichen Übungsort und zur gleichen Tageszeit durch. Wählen Sie einen ruhigen und störungsfreien Ort aus.
- Wählen Sie eine Tageszeit, in der Sie weitgehend ruhig und ungestört bleiben können. Empfehlenswert ist eine leise, beruhigende Hintergrundmusik.
- Der tägliche Übungsaufwand beträgt anfangs etwa 30 Minuten, später sind 15 bis 20 Minuten ausreichend.
- Die Übungen können im Liegen oder im Sitzen durchgeführt werden. Setzen oder legen Sie sich so bequem wie möglich.
- Beim Liegen sollte der Körper gleichmäßig und ohne Druckunterschiede auf einer Unterlage aufliegen.
- Beim Sitzen eignet sich ein Stuhl mit Armlehne, worauf die Arme locker gelegt werden können. Bei einem Stuhl ohne Armlehne können die Hände auf den Oberschenkeln abgelegt werden.
- Enge Kleidungsstücke sollten geöffnet werden.
- Die Übungen bauen systematisch aufeinander auf, deshalb sollte die empfohlene Reihenfolge eingehalten werden.
- Gehen Sie erst zu einer neuen Übung über, wenn Sie sicher sind, dass der vorangehende Muskelbereich entspannt ist.
- Die Muskeln werden zwar angespannt, aber nicht bis zur Schmerzgrenze. Nicht die Stärke der Spannung ist entscheidend, sondern der gefühlte Unterschied zwischen Anspannung und Entspannung der jeweiligen Muskelpartien.
- Schließen Sie die Augen.
- Atmen Sie ruhig und gleichmäßig. Anfangs wird das Atmen leicht vergessen; es ist jedoch wichtig, trotz der Spannung weiter zu atmen.
- Die Dauer der Anspannungsphasen beträgt etwa fünf bis zehn Sekunden. Die Entspannungsphasen dauern länger, sie betra-

gen mindestens zehn Sekunden und können bis zu 2 Minuten dauern.

- Beim Loslassen nehmen Sie die Spannung zurück und warten, bis sich das Entspannungsgefühl von selbst einstellt.
- Die Spannung soll sich auf die jeweils angesprochenen Muskelpartien beschränken, der restliche Körper soll möglichst locker bleiben.
- Nach Abschluss der Übungssitzung lassen Sie die Entspannung einige Zeit auf sich wirken; anschließend räkeln und strecken Sie sich und setzten sich erholt und erfrischt auf.

Der Ablauf bleibt bei jeder Muskelgruppe gleich:

- Sie konzentrieren sich auf eine Muskelgruppe und spannen diese etwa fünf Sekunden lang an (langsam von eins bis fünf zählen)
- Sie lassen die Spannung los, ohne sich dabei zu bewegen
- Es folgt eine Pause von etwa zehn bis 20 Sekunden, in der Sie sich das Gefühl der Entspannung bewusst machen
- Sie wiederholen die Übung mit derselben Muskelgruppe nochmals oder es folgt die nächste Muskelgruppe

Längere Version (15 Muskelgruppen)

- Konzentrieren Sie sich auf die rechte Hand und den rechten Unterarm und ballen Sie eine Faust – Anspannen und Spannung für fünf Sekunden halten – Spannung loslassen und Entspannung fühlen – längere Pause von mindestens zehn Sekunden
- Konzentrieren Sie sich auf die linke Hand und den Unterarm und ballen Sie eine Faust – Anspannen und Spannung für fünf Sekunden halten – Loslassen und mindestens zehn Sekunden Pause
- Konzentrieren Sie sich auf den rechten Oberarm (Arm anwinkeln und an den Oberkörper drücken) – Anspannen und Spannung für fünf Sekunden halten – Loslassen und mindestens zehn Sekunden Pause
- Konzentrieren Sie sich auf den linken Oberarm – Anspannen und Spannung für fünf Sekunden halten – Loslassen und mindestens zehn Sekunden Pause

- Konzentrieren Sie sich nun auf die Stirn und legen diese in Falten – Anspannen und Spannung für fünf Sekunden halten – Loslassen und mindestens zehn Sekunden Pause
- Konzentrieren Sie sich nun auf die Nase – Anspannen und Spannung für fünf Sekunden halten – Loslassen und mindestens zehn Sekunden Pause
- Konzentrieren Sie sich nun auf die Lippen und pressen diese aufeinander, ohne die Zähne zusammen zu beißen – Anspannen und Spannung für fünf Sekunden halten – Loslassen und mindestens zehn Sekunden Pause
- Konzentrieren Sie sich nun auf Ihre Nackenmuskeln und legen Sie dabei den Kopf fest nach hinten oder pressen ihn auf die Unterlage – Anspannen und Spannung für fünf Sekunden halten – Loslassen und mindestens zehn Sekunden Pause
- Konzentrieren Sie sich nun auf ihre Schulterblätter und drücken Sie diese nach hinten zusammen – Anspannen und Spannung für fünf Sekunden halten – Loslassen und mindestens zehn Sekunden Pause
- Konzentrieren Sie sich nun auf die Atmung und atmen tief ein, dass sich der Brustkorb nach vorn wölbt – Halten Sie den Atem für mindestens fünf Sekunden an – Ausatmen und mindestens zehn Sekunden Pause
- Konzentrieren Sie sich nun auf die Bauchmuskulatur – Atmen Sie tief ein und spannen Sie die Bauchmuskeln an – Halten Sie sie Spannung für mindestens fünf Sekunden – Ausatmen und mindestens zehn Sekunden Pause
- Konzentrieren Sie sich nun auf den rechten Oberschenkel (beim Liegen zunächst das Bein anziehen und aufstellen) – Anspannen und Spannung für mindestens fünf Sekunden halten – Loslassen und mindestens zehn Sekunden Pause
- Konzentrieren Sie sich nun auf den linken Oberschenkel (beim Liegen zunächst das Bein anziehen und aufstellen) – Anspannen und Spannung für mindestens fünf Sekunden halten – Loslassen und mindestens zehn Sekunden Pause
- Konzentrieren Sie sich nun auf den rechten Unterschenkel und den rechten Fuß – Anspannen, indem Sie den Fuß auf den Boden

drücken und die Waden anspannen – Halten Sie die Spannung für mindestens fünf Sekunden – Danach loslassen und mindestens zehn Sekunden Pause

- Konzentrieren Sie sich nun auf den linken Unterschenkel und den rechten Fuß – Anspannen, indem Sie den Fuß auf den Boden drücken und die Waden anspannen – Halten Sie die Spannung für mindestens fünf Sekunden – Danach loslassen und mindestens zehn Sekunden Pause

Auch kürzere Versionen mit weniger Muskelgruppen sind möglich (vgl. Jacob, S. 82). Sie ermöglichen es, mit weniger Zeitaufwand die gleiche Entspannungstiefe zu erreichen. Die Kurzversion sollte allerdings nur eingesetzt werden, wenn die ausführliche Version sicher beherrscht wird. Bei einer Kurzversion können die oben dargestellten Muskelpartien zu Gruppen zusammengefasst werden:

- Faust, Unterarm und Oberarm rechts
- Faust, Unterarm und Oberarm links
- Stirn, Augenpartie, Nase und Kiefer
- Nacken und Hals
- Schultern, Rücken und Bauch
- Oberschenkel, Unterschenkel und Fuß rechts
- Oberschenkel, Unterschenkel und Fuß links

Wichtig:

Wer mit Herz-/Kreislaufproblemen zu tun hat, sollte mit seinem Arzt klären, ob die Übungen geeignet sind.

Bei der Konzentration auf die verschiedenen Muskelgruppen kann es auch zu Störungen kommen (vgl. Steinbuch, 39). Der Hauptstörfaktor sind Gedanken, die sich aufdrängen und von der Konzentration ablenken. Hier hilft es, wie bei der Imagination beschrieben, wenn Sie versuchen, die störenden Gedanken mithilfe angenehmer Bilder zu verdrängen, und sich anschließend wieder auf den Entspannungsvorgang konzentrieren.

6.4 Sicherheit durch eine Generalprobe

Eine weitere vorbeugende Übung gegen Lampenfieber ist die Generalprobe. Dabei können Sie überprüfen, ob Ihre Gedanken beim Vortrag tatsächlich so verstanden werden, wie Sie sich das bei der Ausarbeitung vorgestellt haben.

Wenn Sie über wenig Redeerfahrung verfügen, dann halten Sie ihren Vortrag zunächst einmal im „stillen Kämmerlein" mit Bild- oder Tonkontrolle. Überprüfen Sie dabei Ihre Zeitplanung. Bei wichtigen Vorträgen empfiehlt sich zusätzlich eine Generalprobe vor Publikum. Versuchen Sie, dem Ernstfall so nahe wie möglich zu kommen. Als Publikum werden sich unter Kollegen, Freunden oder in der Familie sicherlich einige interessierte Personen finden. Die Zuhörer eines Probevortrags müssen keine Fachleute sein. Neutrale Außenseiter, die keine Fachbrille tragen, können manchmal bessere Hinweise geben als diejenigen, die sich täglich mit der Materie befassen.

Generalprobe

Bitten Sie einen solchen Zuhörerkreis um ein ehrliches Feedback, das den Inhalt, die sprachliche Gestaltung, Ihre Sprechtechnik und das körpersprachliche Verhalten umfasst. Eine Generalprobe nützt Ihnen in mehrfacher Weise:

- Sie können überprüfen, ob Sie die Redezeit einhalten.
- Sie können überprüfen, ob Ihre Gliederung folgerichtig aufgebaut und der rote Faden für die Zuhörer erkennbar ist.

- Sie können schwierige Formulierungen oder Übergänge trainieren.
- Sie erfahren, ob Ihre Ausführungen verständlich sind und ob die gewählten Beispiele und Vergleiche überzeugen.
- Sie erfahren, ob Sie bestimmte Aussagen weglassen können oder ob noch Lücken zu schließen sind.
- Sie können die Wirkung bestimmter Formulierungen (z.B. Anfang und Schluss) überprüfen lassen.
- Sie erhalten Informationen über Ihre Vortragsweise (Aussprache, Betonung, Sprechtempo, Pausensetzung).
- Sie erfahren, ob Sie die richtige Sprache sprechen.
- Sie gewinnen an zusätzlicher Sicherheit, was wiederum dazu beiträgt, etwa vorhandenes Lampenfieber zu reduzieren.

Wenn Sie bereits über Redeerfahrung verfügen, mag der letzte Aspekt vielleicht keine Rolle spielen. Andererseits ist auch ein erfahrener Redner dankbar, wenn durch eine solche Überprüfung kleinere inhaltliche oder sprachliche Nachlässigkeiten aufgedeckt und korrigiert werden können. Durch Regieanweisungen im Manuskript können Sie dafür sorgen, dass sich solche Fehler später nicht wiederholen. Wenn Sie über wenig Redeerfahrung verfügen, dann hilft es Ihnen, wenn Sie sich im Ernstfall daran erinnern können, dass Sie den Vortrag doch schon einmal vor Publikum gehalten haben. Ihr Unterbewusstsein bedankt sich bei Ihnen mit mehr Sicherheit.

Akzeptieren Sie die Anregungen und Kritik Ihrer Testhörer. Das Feedback auf einer Generalprobe, die nur zu diesem Zweck veranstaltet wird, ist wesentlich objektiver als beim späteren Ernstfall.

Checkliste: Lampenfieber beherrschen

- Mit Lampenfieber haben auch Profis zu kämpfen. Bereits das Wissen, dass auch andere mit diesem Problem zu tun haben, beruhigt.
- Etwas Lampenfieber (Anfangsspannung) gehört zu jedem erfolgreichen Vortrag, um dem Publikum die emotionale Beteiligung des Redners zu verdeutlichen.
- Redeangst ist ein erlerntes Verhalten. Es kann durch Üben in ein selbstsicheres Verhalten verwandelt werden.
- Das beste Mittel, die Redeangst zu überwinden, ist das Reden selbst.

- Die Redeangst verringert sich, je häufiger wir uns der Angst auslösenden Situation stellen.
- Die Lektüre eines Rhetorikbuches reicht nicht aus; die Regeln müssen praktisch umgesetzt werden. Üben, üben, üben!
- Wenn sich in nächster Zeit kein Anlass zum Reden ergibt, dann schaffen Sie sich selbst die notwendigen Gelegenheiten.
- Die Redeangst nimmt umso mehr ab, je häufiger wir uns einer Angst verursachenden Situation stellen.
- Akzeptanz und ein offener Umgang mit dem Lampenfieber sind die ersten Schritte zu seiner Bewältigung.
- Lampenfieber ist veränderbar. Wir haben es im Laufe der Zeit erlernt und können es durch bewusstes Handeln auch wieder verlernen.
- Ersetzen Sie Angst auslösende Gedanken durch hilfreiche Gedanken.
- Stimmen Sie sich durch positive Bilder auf Ihren Vortrag ein (Imagination).
- Erlernen Sie eine Entspannungsmethode, damit Sie Spannungssituationen mit gezielten Übungen überwinden können.
- Sie sind rhetorisch viel besser und sicherer, als Sie es subjektiv empfinden.
- Das Wissen um eine gute Vorbereitung vermittelt Sicherheit und reduziert die Redeangst.
- Übernehmen Sie einen Vortrag nur, wenn Sie genügend Zeit zur Vorbereitung haben.
- Erarbeiten Sie ein zuverlässiges Stichwortmanuskript und überprüfen Sie sich bei einem Probevortrag (Generalprobe).

7. Kapitel

Sicher und überzeugend auftreten

Endlich ist es soweit. Sie haben sich vorbereitet, Sie haben ein gutes Stichwortmanuskript in der Tasche, Sie haben ihren Vortrag zur Probe gehalten. Wahrscheinlich haben Sie gemerkt, dass schon beim Probevortrag etwas Spannung aufkommt, obwohl doch nur ein paar Freunde die Zuhörerrolle übernommen hatten. Aber gerade diese Erfahrung hilft Ihnen, denn in der Ernstsituation wissen Sie, dass Sie es trotz dieser Spannung schon einmal geschafft haben. Außerdem haben Sie erfahren, dass Sie sich auf Ihr Stichwortmanuskript verlassen können.

7.1 Die letzte Stunde vor dem Vortrag

Nutzen Sie die Zeit unmittelbar vor dem Vortrag, um sich zusätzlich Sicherheit zu verschaffen:

- Falls es nicht schon geschehen ist, dann machen Sie sich mit der vorhandenen Technik (Mikrofon, Beamer, Projektor) vertraut. Lassen Sie sich ggf. von der Person in die Technik einweisen, welche die Geräte aufgebaut hat.
- Wenn es die Situation zulässt, dann sollten Sie sich vor Beginn Ihres Vortrags noch etwas Bewegung verschaffen oder eine Entspannungsübung durchführen. Ein kleiner Spaziergang oder die Treppe zu Fuß hoch steigen entspannen (das Adrenalin wird ab-

gebaut) und versorgen Sie mit zusätzlichem Sauerstoff. Konzentrieren Sie sich dabei auf die Atmung.

- Auch ein letzter Gang zur Toilette sorgt für etwas Bewegung. Machen Sie zusätzlich paar Kniebeugen oder Streckübungen. Überprüfen Sie durch einen Blick in den Spiegel auch Ihr Äußeres.
- Nehmen Sie eine Person Ihres Vertrauens mit und setzen Sie diese in eine der vorderen Reihen. Mit diesem Trick arbeitet auch mancher Redeprofi. Sie wissen dann zumindest, dass eine Person im Raum ist, der Sie vertrauen können.
- Lenken Sie sich durch Gespräche mit Bekannten unter den Zuhörern ab. Damit schließen Sie die Gefahr aus, ständig an den Vortrag zu denken.
- Wenn keine Bekannten unter den Zuhörern sind, dann versuchen Sie, noch vor dem Vortrag mit ein paar fremden Personen ein Gespräch zu führen. Ein kleiner Smalltalk genügt. Damit haben Sie die Möglichkeit, später die ersten Blicke zu diesen Personen zu richten, mit denen bereits ein kleiner Kontakt bestand. Diese werden aufgrund des vorherigen Gesprächs freundlich reagieren, lächeln oder nicken, so dass die erste Publikumsreaktion immer positiv ausfällt.
- Wenn Ihnen sämtliche Zuhörer völlig unbekannt sind, dann suchen Sie sich für den ersten Blickkontakt einen Zuhörer aus, der Ihnen spontan sympathisch erscheint.
- Lassen Sie sich bei größeren Vorträgen ein Glas Wasser bereitstellen. Das hilft im Notfall gegen eine Kröte im Hals oder eine wegbrechende Stimme.

Wichtig:

Denken Sie in der letzten halben Stunde nicht mehr an den Vortrag. Ändern Sie nicht kurzfristig Ihr Manuskript aufgrund eines plötzlichen Einfalls, denn diesen können Sie nicht mehr ausreichend nach allen Gesichtspunkten überprüfen.

7.2 Das Verhalten während des Vortrags

Auch während des Vortrags gibt es viele Möglichkeiten, um die innere Spannung in Grenzen zu halten.

- Vertrauen Sie auf ihre gute Vorbereitung. Sie haben doch den Vortrag schon zur Probe gehalten; außerdem steht alles, was Sie sagen wollen, genau geordnet auf Ihren Stichwortkärtchen.
- Suchen Sie einen festen und sicheren Stand und atmen Sie noch einmal tief durch, bevor Sie mit dem Sprechen beginnen.
- Sprechen Sie am Anfang bewusst langsam. Machen Sie ausreichend Sprechpausen und demonstrieren Sie damit sich selbst und dem Publikum Ruhe und Ausgeglichenheit.
- Denken Sie positiv. Nicht „Hoffentlich geht nichts schief", sondern „Es geht alles gut".
- Halten Sie anfangs Blickkontakt zu einer vertrauten Person.

Redezeit einhalten

- Bewerten Sie Kleinigkeiten nicht zu hoch. Die Erfahrung zeigt, dass die meisten Zuhörer nicht merken, wenn Sie sich einmal versprechen oder ein Satz unvollendet bleibt.
- Wandeln Sie noch vorhandene Stress-Energie in eine kraftvolle Gestik um.

- Behalten Sie Ihr Konzept bei und lassen Sie sich nicht durch einen Spontaneinfall oder einen Zwischenruf davon abbringen.
- Kürzen Sie ab, wenn Sie merken, dass Sie mit der vorgegebenen Zeit nicht auskommen. Es ist besser, einen Gedanken wegzulassen als zu überziehen.

Denken Sie positiv

Martin Luther hat in der Sprache seiner Zeit einmal gesagt: „*Aus einem traurigen Arsch kam noch nie ein freudiger Furz!*“ Diese Erkenntnis trifft noch immer zu, auch wenn wir sie heute etwas anders formulieren würden. Er geht darum, dass sich der Redner um eine positive Einstellung zum Thema und zur Redesituation bemühen muss. Das gilt auch dann, wenn Ihnen einmal im Betrieb oder im Verein ein Vortrag „auf die Nase gedrückt wurde“. Die Zuhörer können nichts dafür, dass Sie den Vortrag gegen Ihren Willen halten müssen.

Wichtig:

Nur, wenn Sie dem Auditorium mit einem freundlichen Gesichtsausdruck gegenübertreten, können Sie mit entsprechenden Reaktionen rechnen.

Nicht zu früh mit dem Sprechen beginnen

Lassen Sie, bevor Sie mit dem Sprechen beginnen, zunächst den Blick über das Auditorium schweifen. Nutzen Sie diese Gelegenheit, um noch einige Mal tief durchzuatmen. Mit dem Blick in die Runde geben Sie den Zuhörern eine Chance, sich zurechtzusetzen. Manch einer muss noch seine Tasche verstauen, das Gespräch mit dem Nachbarn beenden oder er sucht auch nur nach einem Block und Stift. Es wäre schade, wenn Sie zu früh beginnen und Ihren wohlüberlegten Einführungssatz aussprechen, bevor Ihnen das Publikum seine volle Aufmerksamkeit zuwendet.

Werden Sie nicht nervös, wenn auch nach dem ersten Blickkontakt im Publikum noch Unruhe herrscht. Kein Redner kann erwarten, dass alle Anwesenden mit höchster Spannung auf den Vortragsbeginn warten. Blicken Sie in die Runde und setzen Sie die „Macht des

Schweigens“ ein. Der stumme Blick zu den Zuhörern ist wirkungsvoller als ironische Bemerkungen oder eine autoritäre Aufforderung. Es geht darum, für Ruhe zu sorgen, ohne gleichzeitig die Zuhörer vor den Kopf zu stoßen.

7.3 Mit Störungen souverän umgehen

Trotz einer guten Vorbereitung sind Störungen während Ihres Vortrags oder Ihrer Präsentation nicht völlig auszuschließen. Sie können vom Redner selbst verursacht werden oder sie können vom Publikum ausgehen.

Eng mit dem Lampenfieber zusammen hängt die Befürchtung mancher Redner, stecken zu bleiben. Insbesondere der unerfahrene Redner sieht diese Gefahr als besonders groß an. Bei manchen sind es unangenehme Erinnerungen an die Schulzeit, als man das Gedicht am Vortag mehrfach aufsagen konnte und beim Vortragen am nächsten Tag der Faden gerissen war. Auch manche Prüfungserlebnisse sahen ähnlich aus: Beim Betreten des Prüfungsraumes war das Wissen noch vorhanden, als dann die Fragen gestellt wurden, war alles wie ausgelöscht. Nicht immer sind es negative Erfahrungen aus der Vergangenheit; oft wird einfach die Angst, hängen zu bleiben, überbewertet. Es kommt zur selbst erfüllenden Prophezeiung: Der Redner fürchtet sich, hängen zu bleiben, dadurch steigt das Lampenfieber und es kommt als Folge wirklich zum Hänger.

Das Hängenbleiben ist nicht die einzige Störungsursache. Auch Zwischenfragen vom Publikum oder unruhige und desinteressierte Zuhörer können für manchen Redner zum Problem werden. Gegen Störungen kann sich trotz bester Vorbereitung kein Redner völlig absichern. Umso wichtiger ist es, richtig damit umzugehen.

Wichtig:

Gleichgültig wie Sie mit Zwischenrufen oder anderen Störungen umgehen, eine Grundregel gilt immer: Bleiben Sie ruhig und reagieren Sie nicht aggressiv.

7.3.1 Hilfen, wenn Sie hängenbleiben

Auch erfahrene Redner sind gegen einen Aussetzer nicht absolut sicher. Beim Probevortrag gab es keinerlei Probleme; jetzt, in der Ernstsituation, weiß der Redner mit dem nächsten Stichwort nichts mehr anzufangen. Die plötzliche Pause und die damit verbundene Stille werden vom Redner selbst als wesentlich belastender empfunden als vom Publikum.

Wichtig:

Die wichtigste Regel beim Blackout lautet: Ruhe bewahren und Zeit gewinnen.

Verlassen Sie das aktuelle Stichwort kurzfristig und richten Sie Ihre Gedanken nochmals zurück auf das, was Sie zuvor gesagt haben.

Mit Anlauf über das Hindernis

Vergessen wir für einen Augenblick das freie Reden und wenden wir uns einer ganz anderen Situation zu: Sie kennen zumindest vom Fernsehen alle die Sportart Springreiten. Dabei kommt es vor, dass ein Pferd vor einem Hindernis verweigert. Wie reagiert der Reiter darauf? Er versucht auf keinen Fall, aus dem Stand über das Hindernis zu kommen. Er reitet vielmehr einen kleinen Bogen und kommt mit neuem Anlauf auf das Hindernis zu und überquert es im Allgemeinen auch.

Auf die Redesituation übertragen bedeutet das: Kommen Sie mit neuem gedanklichen Anlauf auf die kritische Stelle zu. Überwinden Sie die Problemstelle aus dem Sprechfluss heraus, indem Sie auf einen bereits ausgesprochenen Gedanken zurückgreifen.

Tritt fassen durch Wiederholung

Wiederholen Sie den zuletzt ausgesprochenen Gedanken oder größere Teile ihres Vortrags nochmals in anderen Worten und gewinnen Sie dadurch wieder Sicherheit. Leiten Sie die Wiederholung durch eine geschickte Formulierung ein:

- „Den letzten Gedanken sollten wir noch etwas vertiefen".
- „Diesen Aspekt möchte ich noch etwas genauer formulieren".
- „Lassen Sie mich das bisher Gesagte nochmals zusammenfassen".
- „Hier sollten wir noch etwas weiter ausholen".
- „Ich möchte nochmals besonders betonen".

Wichtig:

Stören Sie sich nicht daran, dass einige Zuhörer die Wiederholung eines bereits behandelten Gedankens erkennen. Entscheidend ist, dass Sie sich dadurch aus einer Notsituation befreien.

Die Wiederholungstechnik kann auch genutzt werden, wenn eine Störung durch äußere Einflüsse ausgelöst wurde. Das Licht im Saal oder am Pult ist vorübergehend ausgefallen oder fremde Personen sind versehentlich im falschen Raum gelandet. Bei solchen Unterbrechungen wissen auch manche Zuhörer nicht mehr ganz genau, was der Redner zuletzt gesagt hat und sind dankbar, wenn durch einen Rückgriff der Anschluss wieder hergestellt wird.

Fragen stellen

Einen anderen Notausgang benutzen Sie durch einen vorübergehenden Wechsel vom Monolog in den Dialog. Befreien Sie sich, indem Sie eine Frage an die Zuhörer richten oder diese zu Fragen auffordern.

- „Haben Sie ähnliche Erfahrungen gemacht?"
- „Bestehen noch Unklarheiten?"
- „Soll ich das Gesagte nochmals vertiefen?"

Selbst, wenn das Publikum von solchen Angeboten keinen Gebrauch macht, verschaffen Sie sich doch eine kleine Verschnaufpause.

Stichwörter überspringen

Scheuen Sie sich nicht davor, zum nächsten oder übernächsten Gedanken im Stichwortmanuskript überzugehen, wenn Ihnen das beim Überbrücken eines Blackouts hilft. Kein Zuhörer weiß doch, was als nächstes Stichwort in Ihrem Manuskript steht. Überspringen

Sie aber nur ein oder zwei Stichwörter im Manuskript und fahren Sie dann in der vorbereiteten Reihenfolge fort.

Es kann auch vorkommen, dass Sie ein oder mehrere Stichwörter oder gar ein ganzes Stichwortkärtchen übersehen. Wenn die übersprungenen Gedanken für den Fortgang Ihres Vortrag wichtig sind, dann versuchen Sie, diese an passender Stelle einzuflechten:

- „Vielleicht haben Sie den Punkt × vermisst, auf den ich jetzt zu sprechen komme".
- „Bevor wir weiterfahren, muss noch etwas zu Punkt × gesagt werden".

Auf diese Weise lässt sich auch ein Satz oder Gedanke wieder einfügen, den Sie bewusst übersprungen haben, um einen Aussetzer zu überbrücken.

Publikum um Hilfe bitten

Die Hilfe des Publikums können Sie auch bei der einfachsten Form des Hängenbleibens in Anspruch nehmen: Ein bestimmtes Wort oder ein bestimmter Ausdruck fällt Ihnen nicht mehr ein. Bitten Sie die Zuhörer um Hilfe: *„Meine Damen und Herren, mir fällt der richtige Ausdruck im Augenblick nicht ein, bitte helfen Sie mir"*. Das nimmt niemand übel, weil wohl jeder das schon einmal erlebt hat. Das Publikum freut sich sogar, Ihnen helfen zu können, ohne dass dies negativ angekreidet wird.

Wenn Sie sich einmal völlig verhaspelt haben, dann treten Sie die „Flucht nach vorn" an. Teilen Sie dem Publikum mit, dass Sie den Faden verloren haben. *„Meine Damen und Herren, es tut mir leid, ich habe mich hier verrannt. Ich breche diesen Punkt ab"*.

Machen Sie danach eine Pause und orientieren Sie sich in Ruhe in Ihren Unterlagen. Fahren Sie dann mit einem völlig neuen Gedanken fort.

Beispiele oder Geschichte vorbereiten

Von den folgenden Möglichkeiten machen auch Redeprofis gerne Gebrauch. Statt eine Frage zu stellen, können Sie auch ein zusätzliches Beispiel erläutern, das Sie für solche Situationen parat haben. Oder Sie erzählen eine passende kleine Geschichte (Anekdote), die

Sie für diesen Zweck vorbereitet haben: "*Übrigens, da fällt mir eine kleine Geschichte ein!*"

Natürlich muss zwischen dem Beispiel oder der Geschichte und Ihrem Thema ein Bezug bestehen. Eine ähnliche Wirkung erzielen Sie auch durch den Einsatz von Hilfsmitteln. Sie überbrücken die Spannungssituation, indem Sie zum Flipchart oder Projektor gehen und einen dort sichtbaren Aspekt nochmals kommentieren: *„Bevor ich weiterfahre, werde ich zunächst noch kurz auf den Punkt... eingehen"*.

Belasten Sie sich nicht mit Überlegungen darüber, ob solche Lösungen noch Ihrer Ideal-Gliederung entsprechen. Denken Sie auch hier daran, dass das Publikum nicht weiß, in welcher Reihenfolge die einzelnen Stichworte in Ihrem Manuskript stehen. Ein Kollege (Altmann, S. 80) empfiehlt bei allen kleinen Pannen (Versprecher, Auslassungen, Suchen nach den richtigen Wörtern oder Wortdreher) eine allen Schauspielern bekannte Regel zu beherzigen: *„Man kann auf einer Bühne alles tun, wenn man es nur so tut, als wäre es das Selbstverständlichste der Welt."*

Stichwortzettel für Notsituationen

Denken Sie bei all diesen Möglichkeiten daran, dass es sich um Notausgänge aus einer Engpass-Situation handelt. Stellen Sie keine zu hohen Ansprüche, denn dabei wird nicht immer die beste Formulierung herauskommen. Das haben auch die Teilnehmer im Rhetorik-Seminar akzeptiert. Manche hatten allerdings Bedenken, ob Ihnen diese Hilfen im entscheidenden Augenblick auch einfallen. Hier hilft der schon erwähnte Stichwortzettel für Notsituationen.

Notieren Sie sich auf einen Notstichwortzettel einige der beschriebenen Notausgänge, auf die Sie im Ernstfall zurückgreifen wollen. Das könnte die Wiederholungstaktik oder das universell einsetzbare Beispiel sein. Verwenden Sie einen Stichwortzettel, der eine andere Farbe hat als die übrigen, damit Sie ihn bei Bedarf sofort finden. Auch hier gilt, was schon an anderer Stelle gesagt wurde: Das Wissen, einen Stichwortzettel für Notfälle dabei zu haben, reicht im Allgemeinen aus, so dass Sie ihn überhaupt nicht benötigen.

Sie haben sich versprochen

Was der Druckfehler im Buch ist, das ist der Versprecher beim Vortrag. Obwohl es sich in beiden Fällen um einen kleinen Fehler handelt, ist der jeweilige Schaden nur gering.

Wichtig:

Versprecher sind etwas Alltägliches, das nicht völlig zu vermeiden ist und von niemandem übel genommen wird.

Falls Sie das Gefühl haben, dass Sie trotz des Versprechers verstanden wurden, brauchen Sie überhaupt nichts zu tun. Sprechen Sie in gleichem Tempo und Tonfall einfach weiter. Auch im Rhetorik-Seminar kam es bei den Redeübungen immer wieder einmal zu Versprechern. Dabei gab es unter den Zuhörern zwei Gruppen: Einige hatten die Versprecher überhaupt nicht wahrgenommen, teilweise auch nicht beim Abspielen der Video-Aufzeichnungen. Andere hatten den Versprecher zwar bemerkt, aber auf Nachfrage bestätigt, dass sie den Sinn der Ausführungen dennoch verstanden hatten.

Keine Entschuldigung

Es ist nicht erforderlich, sich für einen Versprecher oder eine kleine grammatikalische Unkorrektheit zu entschuldigen. Durch eine Entschuldigung würden auch solche Zuhörer aufmerksam gemacht, die den Fehler bisher nicht bemerkt hatten. Wenn Ihr Vortrag in den übrigen Teilen in korrektem Deutsch gehalten wird, dann ist es für Ihr Publikum doch ersichtlich, dass Sie die sprachlichen Voraussetzungen beherrschen, so dass es sich hier eben nur um einen Versprecher handeln kann.

Wenn Sie dagegen bemerken, dass Ihnen ein sinnentstellender Versprecher unterlaufen ist, dann wiederholen Sie den letzten Satz einfach in der richtigen Formulierung. Das gilt auch, wenn Sie einen ganzen Satz ungeschickt formuliert haben. Es ist auch möglich, die korrigierte Form mit der Bemerkung „*Ich formuliere nochmals besser*“ oder „*Ich berichtige*“ einzuleiten. Auch hier ist keine Entschuldigung erforderlich. Wenn sich der Versprecher oder der verhaspelte Satz bei der Korrektur wiederholt, dann sollten Sie keine weiteren

Versuche starten. Es ist besser „die Flucht nach vorn anzutreten“ und mit freundlicher Miene zu sagen: *„Meine Damen und Herren, ich habe diesen Satz zwar immer noch nicht richtig formuliert, aber Sie haben längst verstanden, was ich sagen möchte“.*

„Kurze Sätze sind das Geheimnis des guten Redners“ hatten wir an anderer Stelle gesagt. Trotz dieser Devise kommt es vor, dass ein Satz immer länger wird und kaum mehr eine Möglichkeit für ein korrektes Ende zu erkennen ist. Brechen Sie einen solchen Satz ab mit der Formulierung *„Ich wiederhole nochmals in verständlichem Deutsch“* und sprechen Sie den Gedanken in kurzen Sätzen aus.

7.3.2 So gehen Sie mit Zwischenrufen um

Es ist nicht auszuschließen, dass sich einzelne Teilnehmer durch Zwischenrufe einschalten. Jeder Zwischenruf stellt für den Redner und die Zuhörer eine Störung dar, auch wenn er im Einzelfall wohlgemeint sein mag. Bei seiner Reaktion muss der Redner unterscheiden, um welche Art von Zwischenruf es sich handelt.

- Es gibt den sachlichen (positiven) Zwischenruf, der manchmal sogar zur Klärung eines Problems beiträgt. Gelegentlich hilft ein solcher Zwischenruf auch, die Vorkenntnisse Ihres Publikums besser einzuschätzen, so dass Sie die weiteren Ausführungen deutlicher auf die Zuhörerinteressen zuschneiden können. Sachliche Zwischenfragen kommen besonders bei Informationsvorträgen vor.
- Bei Überzeugungsvorträgen kommt es häufiger zu störenden Zwischenrufen. Manchmal handelt es sich um eine beabsichtigte Provokation, um den Redner aus dem Konzept zu bringen.
- Bei keiner Vortragsart ist auszuschließen, dass sich ein Witzbold unter den Zuhörern befindet, der sich mit ungeeigneten Mitteln „profilieren“ möchte.

Wichtig:

Eine Grundregel gilt bei jeder Art von Zwischenruf: Bleiben Sie ruhig und sachlich und reagieren Sie nicht aggressiv.

Eine erste Reaktionsmöglichkeit besteht darin, den Zwischenruf bewusst zu überhören. Diese Methode eignet sich sowohl bei provozierenden als auch bei banalen Zwischenrufen. Mancher Zwischenrufer ist schon zufrieden, wenn er seinen Ausruf losgeworden ist. Wenn Sie unqualifizierten Zwischenrufen zu große Beachtung schenken, laufen Sie Gefahr, andere Zuhörer zu einem ähnlichen Verhalten zu animieren.

Beantworten oder verschieben

Überlegen Sie schon vorher, ob Sie auf (sachliche) Zwischenfragen eingehen wollen. Je mehr Zwischenfragen Sie beantworten, umso größer ist das Risiko, dass Sie die vorgesehene Redezeit überschreiten oder am Ende Ihres Vortrags stark kürzen müssen. Außerdem sind Zwischenfragen oft sehr speziell und nicht für alle Zuhörer von Interesse. Schließlich ist auch nicht auszuschließen, dass durch die Behandlung von Zwischenfragen für die Zuhörer die Struktur Ihres Vortrags verloren geht.

Je nach Art der Veranstaltung ist es möglich, Zwischenfragen von vornherein weitgehend zu vermeiden. Der Redner bittet vorher darum, seine Ausführungen ungestört abhandeln zu können. Empfehlen Sie dem Publikum, die Fragen auf Zetteln zu notieren und zu sammeln oder an eine Pinnwand zu heften, damit Sie nach dem Vortrag darauf eingehen können.

Wenn keine Diskussion vorgesehen ist oder wenn Sie sicher sind, dass eine Zwischenfrage die Ausnahme darstellt, dann sollte diese Frage, wenn das in wenigen Wörtern möglich ist, sofort sachlich beantwortet werden. Die Zuhörer haben wenig Verständnis dafür, wenn die Bitte um ein zusätzliches Beispiel oder um eine nochmalige Erläuterung eines bereits behandelten Aspekts abgeschlagen wird. Solche Zwischenrufe können auch ein Hinweis darauf sein, dass der Redner mit seinen Ausführungen zu knapp oder unvollständig war oder beim Publikum zu viel Vorkenntnisse vorausgesetzt hat. Verschiebungen sind dagegen bei den folgenden Anlässen angebracht:

- Ein sachlicher Zwischenruf, der nach einer umfangreicheren Antwort verlangt, kann bis zur nachfolgenden Diskussion zurückgestellt werden. Liefern Sie die Antwort dann aber auch tatsächlich nach, sonst verlieren Sie Ihre Glaubwürdigkeit. Beweisen Sie schon im Vortrag, dass die Zurückstellung der Antwort keine Ausrede ist, indem Sie den Zwischenruf notieren.

- Eine Verschiebung kann auch notwendig sein, weil Sie auf diesen Aspekt bei den weiteren Ausführungen sowieso noch zu sprechen kommen.
- Wenn ein Zwischenruf für die Mehrheit der Zuhörer nicht interessant ist, dann kann seine Beantwortung auch auf ein späteres Gespräch mit dem Zwischenrufer verschoben werden.

Wiederholen lassen

Die folgenden Möglichkeiten sind mehr taktischer Art. Sie eignen sich sowohl, um unsachliche Zwischenrufe ins Leere laufen zu lassen, als auch bei sachlichen Beiträgen, wenn Sie etwas Bedenkzeit benötigen, um eine passende Antwort geben zu können.

- Tun Sie so, als ob Sie den Zwischenruf nicht verstanden hätten und lassen Sie ihn wiederholen. Bei sachlichen Zwischenrufen gewinnen Sie dadurch Zeit für die Antwort. Ein unsachlicher Zwischenruf verliert durch die Wiederholung einen Großteil seiner Schärfe.
- Zeitgewinn, um sich eine passende Antwort zu überlegen, erzielen Sie auch durch Rückfragen.
- Wenn Ihnen auf einen sachlichen Zwischenruf nicht sofort eine Antwort einfällt, können Sie diesen auch an das Auditorium weitergegeben.

Schlagfertig reagieren

Ein gewisses Maß an Schlagfertigkeit ist erforderlich, wenn Sie einen ursprünglich aggressiven Zwischenruf „versachlichen“. Sie lenken von der eigentlichen Zielrichtung des Zwischenrufs ab, indem Sie einen darin enthaltenen sachlichen Nebenaspekt aufgreifen und beantworten.

Beispiele:

- Zwischenrufer: „Der Bericht liegt immer noch nicht vor?" Redner: „Sie sprechen die wichtige Zeitfrage an. Der weitere zeitliche Ablauf sieht wie folgt aus":...
- Zwischenrufer auf einer Betriebsversammlung: „Der Gewinn im letzten Jahr betrug über drei Millionen. Warum gibt es keine Prämie für die Mitarbeiter?" Sprecher der Geschäftsleitung: „Danke für diesen Hinweis. Das gute Geschäftsergebnis im vergangenen Jahr hat es ermöglicht, dass wir die erforderlichen Investitionen zur Sicherung der Arbeitsplätze durchführen können."

Gehen Sie bei böswilligen Zwischenrufen nicht zu weit und machen sich jemanden zum „Feind", dem nur einmal eine unkontrollierte Bemerkung herausgerutscht ist. Zeigen Sie durch eine souveräne Reaktion, dass Sie über diesem Niveau stehen.

7.3.3 Die Zuhörer sind desinteressiert

Auch eine plötzliche Unruhe im Auditorium, desinteressierte Zuhörer oder sogar der Weggang einzelner Personen können vorkommen. Nur teilweise ist daran der Redner schuld.

Stören Sie sich nicht daran, wenn Zuhörer aus dem Fenster blicken oder auf die Uhr sehen oder in ihren Unterlagen blättern. Auch Lesen, Lachen oder der Austausch von Zetteln zwischen zwei Zuhörern kommen vor. Lassen Sie sich durch solche Beobachtungen nicht ablenken und vor allem, lassen Sie keinen Ärger erkennen. Prüfen Sie, ob Sie noch in der Zeit liegen. Wenn nein, dann nehmen Sie das Zuhörerverhalten als Hinweis, sich um ein baldiges Ende zu bemühen. Es ist besser, einen Gedanken wegzulassen, als zu überziehen.

Wenn Sie in der Zeit liegen, dann lassen Sie sich durch das Desinteresse dieser Zuhörer nicht beirren. Soweit nur wenige Zuhörer anderweitig beschäftigt sind und die anderen dadurch nicht gestört werden, sollte das kein Problem sein. Einige Außenseiter, die nicht am Thema interessiert sind, gibt es überall. Verlassen Sie sich auf Ihre gute Vorbereitung. Richten Sie den Blickkontakt zu den Zuhörern, die Aufmerksamkeit demonstrieren.

Wichtig:

Beziehen Sie ein „Fehlverhalten" der Zuhörer nicht sofort auf sich; es kann zahlreiche Ursachen geben, die der Redner nicht bemerkt oder falsch interpretiert.

Greifen Sie allerdings ein, wenn die Unruhe im Publikum für andere Zuhörer zur Belästigung wird. Laute Unterhaltungen, ständiges Lachen oder Telefonate überschreiten die Toleranzgrenze. Manchmal reicht schon ein Wechsel in der Lautstärke aus, und das Publikum wendet sich dem Redner wieder zu. Auch eine (über-)lange Redepause, verbunden mit einem nachhaltigen Blick zu den Störern, ist einen Versuch wert. In der nächsten Stufe können Redepause und Blick mit einem *„Bitte!"* verbunden werden. Noch deutlicher werden Sie, wenn Sie die Störenden ausdrücklich ansprechen und um Ruhe bitten. Wenn Sie dabei eine humorige Formulierung wählen, demonstrieren Sie Ihre Souveränität in dieser Situation: *„Meine Herren, ich mache gerne eine Pause, damit Sie Ihr Gespräch zu Ende führen können"*.

Da auch die aufmerksamen Zuhörer gestört werden, sind Sie bei Ihrem Bemühen um Ruhe nicht allein. Durch ein „Psst" oder eine ausdrückliche Aufforderung kommen Ihnen die Zuhörer manchmal sogar zuvor.

Auch wenn einzelne Zuhörer den Raum verlassen, muss das nicht an Ihrem Vortrag liegen. Ein persönliches Bedürfnis, Unwohlsein, eine Verabredung, Hunger, Müdigkeit und vieles andere können die Ursache sein. Machen Sie sich bewusst, dass es für den Weggang der Zuhörer viel mehr Gründe bei diesen selbst gibt als bei Ihnen. Auch hier gilt wieder: Ruhig bleiben und weiter sprechen.

7.3.4 Genießen Sie Ihren Beifall

Robert Lemke hat einmal gesagt: *„Ob sich die Redner darüber klar sind, dass 90 Prozent des Beifalls, den sie beim Zusammenfalten des Manuskripts entgegennehmen, ein Ausdruck der Erleichterung ist?"* Auch Beifall kann für manche Redner zum Problem werden. Dabei ist doch Beifall zumeist ein Beweis dafür, dass die Zuhörer positiv gestimmt sind. Der Redner oder seine Aussage werden akzeptiert.

Wir unterscheiden zwischen dem spontanen Beifall während und dem Beifall am Ende des Vortrags. Geben Sie dem „Szenenapplaus" eine Chance und machen Sie eine kurze Pause. Setzen Sie Ihre Ausführungen erst fort, wenn der Beifall im Abklingen ist.

Auch die Aufnahme des Schlussbeifalls und die Art, wie der Redner abtritt, werden vom Publikum noch wahrgenommen. Ein Redner sollte auf keinen Fall eilig davon hasten. Sie haben dem Publikum etwas geboten, darauf dürfen Sie stolz sein. Bleiben Sie während des Beifalls noch stehen und halten Sie Blickkontakt zum Auditorium. Bedanken Sie sich mit einem leichten Nicken und verlassen Sie den Redeplatz mit sicheren Schritten. Dankesworte für den Beifall sind nur bei Künstlern üblich, bei „normalen" Vorträgen werden sie nicht erwartet.

Nur in Ausnahmefällen ist Beifall ein Zeichen der Ablehnung gegenüber bestimmten Aussagen oder dem Redner als Person. Denken Sie an Reden im politischen Bereich. In solchen Situationen heißt es durchhalten. Wer sich damit auseinanderzusetzen hat, der muss in aller Regel auch schon mit einem derartigen Verhalten rechnen.

7.4 Die Aussprache nach dem Vortrag

Bei Präsentationen und Fachvorträgen ist häufig nach dem Vortrag noch eine Diskussion oder Aussprache vorgesehen. Leider haben manche Redner Angst vor einer Aussprache und versuchen, sich mit teilweise schwachen Ausreden zu drücken. Warum eigentlich? Machen Sie sich bewusst, dass Sie über das notwendige Fachwissen verfügen und in einem Gespräch über Ihr Thema auch keine Probleme haben, eine Frage oder einen Einwand sachlich zu beantworten. In einer Aussprache ist zwar der Rahmen etwas anders, aber es geht doch lediglich darum, von einem Thema, das Sie beherrschen, einige weitere Aspekte zu beleuchten. Sehen Sie eine Diskussion positiv. Eine lebhafte Beteiligung der Zuhörer ist der Beweis dafür, dass Sie das richtige Thema gewählt haben und beim Publikum angekommen sind.

Wichtig:

Bereiten Sie sich auf eine Aussprache vor. Überlegen Sie bereits bei der Vorbereitung, welche Fragen oder Einwendungen durch Ihren Vortrag beim Publikum ausgelöst werden könnten.

7.4.1 Eine Aussprache hat viele Vorteile

Eine Aussprache bietet die Möglichkeit, die vorhergehenden Ausführungen abzurunden oder zu vertiefen. Das Publikum wechselt aus der passiven Zuhörerrolle in die aktive Rolle des Fragestellers. Sowohl für den Redner als auch für das Publikum sind mit einer Aussprache Vorteile verbunden:

- Die Aussprache bietet die Möglichkeit, Lücken zu schließen und Missverständnisse auszuräumen. Sie selbst sind mit Ihrem Thema vertraut. Mancher Teilaspekt, den Sie vielleicht weglassen oder nur knapp darstellen, ist für die Zuhörer völlig neu und muss geklärt werden.
- Sie erhalten eine Rückmeldung, wie Ihre Ausführungen vom Publikum aufgenommen worden sind und ob Sie Ihr Redeziel erreicht haben. Damit können Sie künftige Vorträge ggf. noch besser auf die Bedürfnisse der Zuhörer zuschneiden.
- Wenn Sie keine genauen Kenntnisse über Ihr Publikum haben, aber wissen, dass eine Aussprache vorgesehen ist, dann können Sie diese bereits in der Vorbereitung bei der Stoffauswahl mit berücksichtigen. Begrenzen Sie den Vortrag auf das Wesentliche und weisen Sie darauf hin, dass Sie für spezielle Fragen in der Aussprache zur Verfügung stehen.
- Durch den Hinweis auf die vorgesehene Aussprache können Sie den Vortrag von Zwischenfragen weitgehend freihalten. Auf diese Weise verschaffen Sie den Zuhörern schon während des Vortrags die Möglichkeit, sich qualifizierte Fragen zu überlegen, so dass auch eine Aussprache mit Substanz zustande kommt.
- Eine Aussprache vermittelt Ihnen zusätzliche Sicherheit für künftige Vorträge; die Spannung geht zurück, wenn Sie wissen, dass Sie auch diese Hürde schon erfolgreich gemeistert haben.

7.4.2 Unterschiedliche Verfahrensweisen

Die Diskussion kann entweder durch den Redner selbst oder einen Moderator geleitet werden. Stimmen Sie mit einem Moderator rechtzeitig die Vorgehensweise ab: Klären Sie, ob jeder Einwand sofort beantwortet werden soll oder ob einige Beiträge zusammengefasst werden können. Auch über die ungefähre Dauer einer Aussprache sollten Sie sich vorher informieren, denn davon kann wiederum abhängen, wie ausführlich Sie auf einzelne Diskussionsbeiträge eingehen können.

Da die verschiedenen Fragen zumeist in sehr unterschiedliche Richtungen gehen, würde eine sofortige Beantwortung zu einer sehr sprunghaften Diskussion führen. Außerdem kommt es erfahrungsgemäß zu zahlreichen Wiederholungen, weil viele Teilnehmer sich nur auf ihr eigenes Anliegen konzentrieren und deshalb oft nicht mitbekommen, dass ein ähnliches Problem schon von einem Vorredner angesprochen wurde.

Eine thematisch besser gegliederte Aussprache erreichen Sie, wenn Sie einige (oder alle) Beiträge zunächst sammeln und danach im Block beantworten. Bei dieser Vorgehensweise müssen die Fragen entweder von den Teilnehmern notiert werden (z.B. an einer Pinnwand) oder der Redner bzw. ein Moderator schreibt sie auf und fasst sie in sinnvolle Gruppen zusammen. Wenn Sie die Fragen selbst aufschreiben, eignen sich auch dafür die Stichwortkärtchen. Verwenden Sie für jeden Beitrag ein eigenes Kärtchen und notieren Sie die Frage direkt nachdem sie gestellt wurde. Damit beweisen Sie dem Auditorium, dass Sie jeden Diskussionsbeitrag ernst nehmen und gewillt sind, darauf einzugehen. Durch einfaches Umsortieren der Kärtchen können Sie zusammengehörige Themenkomplexe bilden.

Manchmal kann es notwendig sein, die Diskussion zunächst in Gang zu bringen. Vielleicht haben Sie auch schon die peinliche Stille erlebt, nachdem ein Redner seine Ausführungen beendet hat und er selbst oder ein Moderator bedankt sich und fordert zur Diskussion auf. Aus Scheu oder Trägheit fühlt sich niemand dazu berufen, die erste Frage zu stellen. In solchen Fällen sollte der Moderator oder der Redner ein paar Eisbrecherfragen vorbereitet haben.

Beispiele:

- Ein Moderator könnte wie folgt beginnen: „Meine Damen und Herren, zunächst möchte ich selbst an den Redner eine Frage stellen:..."
- Wenn der Redner selbst die Diskussion leitet, sollte er mit einer offenen Frage einsteigen, die sich möglichst an alle (viele) Zuhörer richtet: „Meine Damen und Herren, was ist noch klärungsbedürftig, wenn Sie meine Vorschläge auf Ihre Situation (Abteilung, Problem) übertragen?"
- Weitere Möglichkeiten: „Kürzlich wurde ich gefragt ..."
  - „Bei diesem Thema wird immer wieder die Frage gestellt ..."
  - „Vorhin wurde ich bereits gefragt ..."

Gelegentlich werden solche Eröffnungsfragen vorsorglich zwischen Redner und Moderator abgesprochen. Das ist legal, wenn dadurch eine ergiebige Aussprache entsteht und nicht nur eine Alibidiskussion, wie das folgende Erlebnis zeigt: Vor einigen Jahren hatte ich mit einem Berufsverband zu tun, dessen Mitglieder zweimal im Jahr an einer Fortbildung teilnehmen mussten. Es war ein heißer Samstagvormittag und ich konnte schon am Äußeren der Teilnehmer erkennen, dass diese mehr auf einen Schwimmbadbesuch als auf einen Vortrag mit anschließender Diskussion eingestellt waren. Der Leiter der Veranstaltung hat mich schon vor meinem Vortrag „gewarnt", dass in diesem Kreis nicht mit allzu großer Diskussionsfreude zu rechnen wäre. Damit die Diskussion in Gang kommt, hat er mich gebeten, ihm drei Fragen aufzuschreiben. So ist es dann auch geschehen; die drei Fragen wurden gestellt und von mir beantwortet und die Veranstaltung mit einem *„Danke für die rege Diskussion"* beendet.

Am Ende der Diskussion fasst der Redner die verschiedenen Beiträge zusammen und zieht ein knappes Fazit. Je nach Thema wird auch der Schlussappell des Vortrags nochmals wiederholt. Falls berechtigt, kann auch ein Dankeswort für die lebhafte Diskussion hinzugefügt werden.

Auf alle Fragen vorbereitet sein

7.4.3 Mit Diskussionsbeiträgen richtig umgehen

Nicht immer wird eine Diskussion in ruhiger, sachlicher Atmosphäre verlaufen. Dennoch muss das Publikum auch in solchen Situationen erkennen, dass Sie alle Fragen und Einwendungen ernst nehmen und sich um eine korrekte Antwort bemühen. Um auch in einer „hitzigen" Aussprache bestehen zu können, sollten Sie einige Techniken beherrschen, wie sie auch bei Besprechungen und Konferenzen eingesetzt werden.

Wichtig:

Die Bereitschaft, zuzuhören sowie der richtige Umgang mit Fragen und Einwendungen sind wesentliche Voraussetzungen, um eine Diskussion erfolgreich zu bestreiten.

Aus der Formulierung eines Diskussionsbeitrags erkennen Sie, ob es sich um einen sachlichen Beitrag handelt oder ob dieser eher emotional gemeint ist. Sachliche Einwendungen sollten auch sachlich beantwortet werden. Schwieriger ist der Umgang mit emotionalen Diskussionsbeiträgen. Wer emotional argumentiert, der wird sich in diesem Punkt kaum durch sachliche Argumente überzeugen lassen. Lassen Sie sich nicht ebenfalls zu emotionalen Äußerungen verleiten. Versuchen Sie, auch wenn eine Frage emotional formuliert wird, den sachlichen Kern zu erkennen und gehen Sie nur darauf ein.

Beispiel: Diskussionsteilnehmer: *„Sie haben doch nur behauptet, dass hier noch Einsparreserven vorhanden sind, um uns zu provozieren!"* Antwort des Redners: *„Einsparreserven sind vorhanden, weil ..."*. Die Behauptung *„provozieren zu wollen"* bleibt unbeantwortet.

Wenn Sie eine Antwort gegeben haben, dann gehen Sie zum nächsten Diskussionsbeitrag über. Fragen Sie nicht nach, ob Sie verstanden wurden oder ob der Fragesteller zufrieden ist. Durch eine Nachfrage würden Sie sich selbst infrage stellen und möglicherweise weitergehende Fragen auslösen, wodurch andere Teilnehmer gelangweilt würden.

Wichtig:

Machen Sie sich bewusst, dass in einer Diskussion nicht jeder Satz so vorbereitet sein kann, wie im eigentlichen Vortrag. Das wird auch vom Publikum akzeptiert.

Wenn Sie einen Diskussionsbeitrag akustisch nicht verstanden haben, dann bitten Sie freundlich um eine Wiederholung.

Fragen in Ruhe anhören

In der Aussprache wird der Redner vorübergehend zum Zuhörer, von dem die Diskussionsredner die notwendige Aufmerksamkeit bei den einzelnen Beiträgen erwarten.

Wichtig:

Zeigen Sie Ihre Bereitschaft zum Zuhören. Signalisieren Sie Ihre Wertschätzung durch nonverbale Verhaltensweisen, wie Blickkontakt, offene Haltung oder Kopfnicken.

Vermeiden Sie, auf die Uhr zu schauen, mit Gegenständen zu spielen oder in Ihren Unterlagen zu lesen, denn dadurch drücken Sie Desinteresse aus. Nur, wenn Sie richtig zuhören, erfahren Sie, worauf es dem Diskussionsteilnehmer ankommt. Außerdem erhalten Sie beim genauen Hinhören oft schon wichtige Anhaltspunkte für die Antwort.

Verbindlichkeit durch Quittungen

Neben der fachlichen Kompetenz wird der Redner auch daran gemessen, wie er mit den Diskussionsbeiträgen umgeht. Eine verbindliche Form, auf Fragen zu reagieren, ist die sog. Quittung. Die Quittung ist ein Verbindungsstück, das zwischen Frage und Antwort geschoben wird. Je nach Formulierung und Adressat erfüllt die Quittung verschiedene Aufgaben. Sie kann eine Art des Dankes darstellen, dass der Fragesteller durch seine Frage sein Interesse am Vortrag verdeutlicht. Sie kann auch dazu dienen, das Bedürfnis nach Anerkennung des Fragestellers zu befriedigen. Wenn der Vortragende durch eine Frage überrascht wird, kann die Quittung eine kleine Denkpause verschaffen. Emotionale Einwendungen können durch eine Quittung „entschärft" werden.

Beispiel (von der vorhergehenden Seite): Diskussionsteilnehmer: *„Sie haben doch nur behauptet, dass hier noch Einsparreserven vorhanden sind, um uns zu provozieren!"*
Antwort des Redners mit Quittung: *„Sie sprechen den wichtigen Punkt Einsparreserven nochmals an. Ich glaube, dass wir in folgenden Bereichen über Reserven verfügen: ..."*

Beispiele für Quittungen:

- „Sie sprechen einen wichtigen Aspekt an."
- „Sie sehen die Angelegenheit aus einer anderen Sicht."
- „Sie bringen einen neuen Aspekt ein."
- „Vielen Dank für diese Frage."
- „Ich verstehe Ihre Bedenken."
- „Sie treffen den Nagel auf den Kopf."
- „Sie haben erkannt, worauf es ankommt."

Zeitgewinn verschaffen

Auch wenn Sie ein Thema beherrschen und sich auch auf die Diskussion vorbereitet haben, wird es vorkommen, dass Sie von einem

Einwand überrascht werden. Lassen Sie sich Ihre Überraschung nicht anmerken, sondern bleiben Sie ruhig und aufnahmebereit. Verschaffen Sie sich etwas Zeitgewinn, indem Sie nachfragen oder den Einwand selbst in Frageform wiederholen (reflektierende Frage).

Beispiele: *„Habe ich Sie richtig verstanden, dass........"?*
„Sie möchten wissen, ob......."?

Auch wenn Sie so tun, als ob Sie einen Einwand akustisch nicht verstanden hätten, gewinnen Sie etwas Zeit. Die Erfahrung zeigt, dass kaum jemand einen Einwand wörtlich wiederholt. Zumeist wird der Einwand beim zweiten Mal wesentlich ausführlicher formuliert, so dass sich der Zeitgewinn noch erhöht. Die Wiederholung erbringt zudem häufig zusätzliche Informationen, an denen Sie Ihre Antwort orientieren können.

Ein Notausgang, wenn Sie durch eine schwierige Diskussionsfrage in Verlegenheit geraten, kann die Gegenfrage sein. Auch die Gegenfrage verschafft in jedem Fall einen kleinen Zeitgewinn. Außerdem bewirkt sie in vielen Fällen, dass die ursprüngliche Fragestellung abgewandelt wird oder völlig verloren geht oder vom Fragesteller selbst beantwortet wird. Wie die reflektierende Frage, erbringt auch die Gegenfrage häufig zusätzliche Informationen, auf die bei der späteren Antwort zurückgegriffen werden kann.

Wichtig:

Die Gegenfrage sollte nur in Ausnahmefällen eingesetzt werden, um sich aus einem Engpass zu befreien, denn sie hat teilweise destruktiven Charakter und wird als unhöflich empfunden.

Ja, aber-Methode

Mehr taktischer Natur ist die bekannteste Methode zur Einwandbehandlung, die sog. „Ja, aber-Methode". Dem Partner wird zunächst rhetorisch zugestimmt, diese Zustimmung wird danach aber sofort wieder eingeschränkt. Statt des stereotypen „Ja, aber" werden auch andere Formulierungen verwendet, die sinngemäß auf dasselbe hinauslaufen:

- „Sicherlich haben Sie recht, jedoch….."
- „Da stimme ich Ihnen zu, allerdings….."
- „Das ist richtig, obwohl….."
- „Das sehe ich auch so, dennoch…."

Wenn Sie auf eine Frage keine überzeugende Antwort haben, ist es kein Problem, das zuzugeben. Sagen Sie offen, dass Sie diese Frage gegenwärtig nicht beantworten können, aber bereit sind, sich zu informieren und die Antwort nachzuliefern.

Die Quittung und die Ja, aber-Methode verlaufen ähnlich. In beiden Fällen wird auf eine Frage oder einen Einwand vor der eigentlichen Antwort eine „verbindliche" Formulierung eingeschoben.

Übung: Quittung (Ja, aber-Methode) trainieren

Mehrere Personen sind beteiligt. Die Gruppe entscheidet sich zunächst für ein Thema, über das diskutiert wird (z.B. Einführung eines autofreien Sonntags pro Monat).

- A beginnt und legt seinen Standpunkt zum Thema in zwei bis drei Sätzen dar; A schließt seine Ausführungen mit einer Frage an Person B.
- B reagiert zunächst mit einer Quittung an A und setzt mit seiner Meinung zum Thema fort. B schließt seine Ausführungen ebenfalls mit einer Frage, richtet diese aber an Person C.
- C quittiert, legt seine Meinung dar und schließt mit einer Frage an Person D.

In dieser Form läuft das Spiel weiter: Quittung – Meinung – Frage. Stören Sie sich nicht daran, dass die gefundenen Formulierungen am Anfang recht schwerfällig klingen. Nach ein bis zwei Runden werden Sie feststellen, dass die Antworten und Fragen immer treffender ausfallen. Wenn das ursprüngliche Thema erschöpft ist, kann mit dieser Methode auch auf elegante Weise ein Themenwechsel vollzogen werden: *„Das sehe ich auch so wie Sie, aber sollten wir uns nicht zuerst mit dem Thema XY befassen……"?*

Übungsziele:
Verbindlicher Umgang mit Einwendungen
Zeitgewinn verschaffen
Schlagfertigkeit trainieren

Checkliste: Sicher und überzeugend auftreten

- Beschäftigen Sie sich in der letzten halben Stunde vor dem Vortrag nicht mehr damit. Ändern Sie nicht kurzfristig Ihr Manuskript aufgrund eines plötzlichen Einfalls.
- Machen Sie sich vor Beginn Ihres Vortrags mit der Technik und dem Umfeld vertraut.
- Suchen Sie sich vor dem Vortrag einen „sympathischen" Zuhörer für den ersten Blickkontakt.
- Bereiten Sie einen Stichwortzettel für Notsituationen vor.
- Lassen Sie, bevor Sie mit dem Sprechen beginnen, den Blick nochmals über das Auditorium schweifen.
- Sprechen Sie am Anfang bewusst langsam. Machen Sie ausreichend Sprechpausen und demonstrieren Sie damit sich selbst und dem Publikum Ruhe und Ausgeglichenheit.
- Treten Sie dem Auditorium mit einem freundlichen Gesichtsausdruck gegenüber. Nur dann können Sie mit entsprechenden Reaktionen rechnen.
- Vermeiden Sie, wenn Sie hängenbleiben, eine totale Blockierung, indem Sie krampfhaft überlegen, was Sie zu dem kritischen Stichwort sagen wollten.
- Die wichtigste Regel beim Blackout lautet: Ruhig bleiben und Zeit gewinnen.
- Versuchen Sie, die problematische Stelle aus dem Sprechfluss heraus zu überwinden.
- Bereiten Sie universell einsetzbare Geschichten oder Beispiele vor, um Engpässe zu überwinden.
- Sehen Sie einen Versprecher als etwas Alltägliches an, das niemand übel nimmt.
- Bleiben Sie auch bei Zwischenrufen ruhig und sachlich und reagieren Sie nicht aggressiv.
- Halten Sie die Redezeit ein. Es ist besser, einen Gedanken wegzulassen, als zu überziehen.
- Beziehen Sie nicht jedes Fehlverhalten der Zuhörer (Unaufmerksamkeit, Desinteresse) sofort auf sich.
- Nehmen Sie den verdienten Beifall mit Blick zum Publikum entgegen.
- Wenn eine Aussprache vorgesehen ist, können Sie Ihren Vortrag entlasten und „Randthemen" sowie Zwischenfragen in die Diskussion verlagern.
- Falls die Diskussion nicht in Gang kommt, sollten Sie einige Eisbrecherfragen vorbereitet haben.
- Beenden Sie auch eine Diskussion mit einem eindrucksvollen Schluss (Fazit, Appell).
- Gehen Sie bei emotionalen Einwendungen nur auf den sachlichen Teil ein.

Literatur- und Quellenverzeichnis

Altmann, Hans Christian: Die hohe Kunst der Überzeugung, Landsberg 1999

Beushausen, Ulla: Sicher und frei reden, Hamburg 2000

Birkenbihl, Vera: Rhetorik, Genf 2004

Breger/Grob: Präsentation und Visualisieren, München 2003

Ebeling, Peter: Reden ohne Lampenfieber, Regensburg/Düsseldorf 1998

Ebeling, Peter: Rhetorik – der Weg zum Erfolg, München 1999

Eschenröder, Christof: Lebendiges Reden, Würzburg 2005

Etrillard, Stéphane: Spitzengespräche, Paderborn 2003

Franck, Norbert: Rhetorik für Wissenschaftler – Selbstbewusst auftreten, selbstsicher reden, München 2001

Franken, Friedhelm: Von der Pannenvermeidung zum perfekten Redeerfolg, Bonn 1996

Hartmann/Funk/Nietmann: Präsentieren. Präsentationen zielgerichtet und adressatenorientiert, Weinheim/Basel/Berlin 2003

Jacob, Cersten: Von Prüfungsangst zu Prüfungsmut, von Lampenfieber zu Auftrittslust, Stuttgart 2015

Janka, Franz: Wirkungsvoll präsentieren, Niedernhausen 2001

Kratz, Hans-Jürgen: Wirkungsvoll reden lernen, Regensburg 2006

Kürsteiner, Peter: Reden, vortragen, begeistern, Weinheim 1999

Kuhlmann, Martin: Last Minute Programm für Vortrag und Präsentation, Frankfurt/New York 1999

Langer/Schulz v. Thun/Tausch: Sich verständlich ausdrücken, München 1993

Mentzel/Grotzfeld/Haub: Mitarbeitergespräche erfolgreich führen, Freiburg 2017

Moesslang, Michael: So würde Hitchcock präsentieren, München 2011

Mohler, Alfred: Die 100 Gesetze überzeugender Rhetorik, München 2002

Mück, Florian: Der einfache Weg zum begeisternden Vortrag, München 2016

Nürnberger, Elke: Selbstvertrauen gewinnen, Freiburg 2010

Püttjer/Schnierda: Erfolgsfaktor Körpersprache, Frankfurt a.M. 2001

Reusch, Fritz: Der kleine Hey. Die Kunst des Sprechens. Mainz 1977

Ruhleder, Rolf: Rhetorik Kinesik Dialektik, Bonn 2000

Sarnoff, Dorothy: Auftreten ohne Lampenfieber, Frankfurt 1992

Seifert, Josef W.: Visualisieren Präsentieren Moderieren, Offenbach 2002

Steinbuch, Ursula: Raus mit der Sprache, Frankfurt 1998

Stelzer-Rothe, Thomas: Vortragen und Präsentieren im Wirtschaftsstudium, Berlin 2000

Tarr, Irmtraud: Lampenfieber – Stark sein unter Stress, Freiburg 2009

Tucholsky: Ratschläge für einen schlechten Redner, 1920

v. Hirschhausen, Eckart: Humorvoll präsentieren. Tagesspiegel vom 24.6.2006

v. Trotha, Thilo: Reden professionell vorbereiten, Berlin 2002

Vogt, Gustav: Erfolgreiche Rhetorik, München/Wien 2005

Watzlawick/Beaven/Jackson: Menschliche Kommunikation. Formen – Störungen – Paradoxien, Bern/Stuttgart 1969

Weidenmann, Bernd: Gesprächs- und Vortragstechnik, Weinheim 2002

Wieke, Thomas: Präsentationen, Frankfurt a.M., 2001

Wolf, Doris: Anleitung Progressive Muskelentspannung nach Jacobsen (www.palverlag.de/muskelentspannung-jacobson-durchfuehrung)

Wöss, Fleur: Der souveräne Vortrag, Wien 2004

Wolf/Merkle: So überwinden Sie Prüfungsängste, Mannheim 2007

Sachverzeichnis

G

H

I

J

K

L

M

N

O

P

R

S

T

U

V

W

Z

Beruf und Karriere

Hell
Das Vorstellungsgespräch
Die besten Strategien, die schlagkräftigsten Argumente: So überzeugen Sie Ihren neuen Arbeitgeber.
Wirtschaftsberater
1. Aufl. 2010. 332 S.
€ 12,90. dtv 50920
Auch als **ebook** erhältlich.

Kunz
Neu in der Führungsrolle
So behaupten Sie sich und setzen gezielt Akzente.
Wirtschaftsberater
1. Aufl. 2012. 179 S.
€ 12,90. dtv 50930
Auch als **ebook** erhältlich.

Ein Ratgeber für junge Führungskräfte, die ihre ersten Erfahrungen in einer Leitungsfunktion sammeln.

Mentzel
Personalentwicklung
Erfolgreich motivieren, fördern und weiterbilden.
Wirtschaftsberater TOPTITEL
5. Aufl. 2018. 328 S.
€ 17,90. dtv 50959
Auch als **ebook** erhältlich.

Dieses Buch enthält Lösungen für **sämtliche Stufen der Personalentwicklung.** Breiten Raum nehmen die Auswahl und Gestaltung der Förder- und Bildungsmaßnahmen wie Fördergespräch, Coaching, Training on the Job sowie die neu aufgenommenen Formen des E-Learning ein. Ebenfalls neu ist eine Darstellung der wichtigsten Rechtsfragen.

Zahlreiche **Beispiele, Arbeitshilfen und Checklisten** erleichtern die praktische Umsetzung.

Mentzel
Erfolgreiche Vorträge und Präsentationen
Überzeugend auftreten,
Lampenfieber beherrschen.
Wirtschaftsberater
3. Aufl. 2020. 216 S. NEU
€ 13,90. dtv 50965
Auch als **ebook** erhältlich
Neu im Februar 2020

Das Buch ist eine perfekte Arbeitshilfe, um Vorträge und Präsentationen vorzubereiten und durchzuführen. Mit zahlreichen Übungen.

Drzyzga
Personalgespräche richtig führen
Ein Kommunikationsleitfaden.
Wirtschaftsberater
2. Aufl. 2011. 164 S.
€ 12,90. dtv 50840
Auch als **ebook** erhältlich.

Hugo-Becker/Becker
Psychologisches Konfliktmanagement
Menschenkenntnis · Konfliktfähigkeit · Kooperation.
Wirtschaftsberater
4. Aufl. 2004. 418 S.
€ 13,–. dtv 5829

Weisbach/Sonne-Neubacher
Professionelle Gesprächsführung
Ein praxisnahes Lese- und Übungsbuch.
Wirtschaftsberater TOPTITEL
9. Aufl. 2015. 499 S.
€ 14,90. dtv 50947
Auch als **ebook** erhältlich.

Bühring-Uhle/Eidenmüller/Nelle
Verhandlungsmanagement
Analyse · Werkzeuge · Strategien.
Beck im dtv
2. Aufl. 2017. 253 S.
€ 19,90. dtv 50763
Auch als **ebook** erhältlich.

Klotzki
So halte ich eine gute Rede
In 7 Schritten zum Publikumserfolg.
Wirtschaftsberater
2. Aufl. 2012. 131 S.
€ 9,90. dtv 50873
Auch als **ebook** erhältlich.

Weisbach
Gekonnt kontern
Wie Sie Angriffe souverän entschärfen.
Wirtschaftsberater
2. Aufl. 2017. 213 S.
€ 12,90. dtv 50955
Auch als **ebook** erhältlich.

Weisbach
Stolperfallen im Gespräch
Passende Antworten auf unpassende Fragen und andere Möglichkeiten Gespräche zu lenken
Wirtschaftsberater
2019. 172 S.
€ 12,90. dtv 50968
Auch als **ebook** erhältlich.

Wege aus der Antwortfalle.

Unser Gesprächsverhalten ist geprägt von Automatismen, wie Frage – Antwort, Vorwurf – Rechtfertigung oder Angriff – Verteidigung.
Dieses Buch zeigt, wie es möglich ist, auch anders zu reagieren, um nicht beispielsweise auf dreiste Fragen dennoch zu antworten oder auf gespielte Hilflosigkeit hereinzufallen.

Mit **entsprechender Vorbereitung** gelingt es, sich dem Automatismus zu entziehen, immerzu erwartungsgemäß und somit permanent für andere verfügbar zu sein. So können aktiv Bedingungen benannt und dadurch Begegnungen bereichert und Beziehungen belastbar gemacht werden.

Der Autor **Prof. Dr. Christian-Rainer Weisbach** lehrt an den Universitäten Hohenheim und Tübingen. Er arbeitet seit 25 Jahren als Personalentwickler, Coach und Trainer/Referent und ist Autor des Bestsellers »Professionelle Gesprächsführung«.

Haug
Erfolgreich im Team
Praxisnahe Anregungen für effizientes Teamcoaching und Projektarbeit.
Wirtschaftsberater
5. Aufl. 2016. 223 S.
€ 12,90. dtv 50946
Auch als **ebook** erhältlich.

Bender
Teamentwicklung
Der effektive Weg zum »Wir«.
Wirtschaftsberater
3. Aufl. 2015. 303 S.
€ 16,90. dtv 50945
Auch als **ebook** erhältlich.

Stender-Monhemius
Schlüsselqualifikationen
Zielplanung, Zeitmanagement, Kommunikation, Kreativität.
Beck im dtv
1. Aufl. 2006. 163 S.
€ 9,50. dtv 50910

Haberzettl/Birkhahn
Moderation und Training
Ein praxisorientiertes Handbuch.
Wirtschaftsberater
2. Aufl. 2012. 324 S. € 17,90. dtv 50866
Auch als **ebook** erhältlich.

Diekmann
China Knigge
Business und Interkulturelle Kommunikation.
Wirtschaftsberater
2. Aufl. 2015. 200 S.
€ 16,90. dtv 50944
Auch als **ebook** erhältlich.

Ein Überblick über die Bandbreite chinesischer Verhaltenstraditionen im Alltags- und Geschäftsleben.

Knieß
Kreativitätstechniken
Methoden und Übungen.
Beck im dtv
1. Aufl. 2006. 268 S.
€ 9,50. dtv 50906

Baumert
Professionell texten
Grundlagen, Tipps und Techniken.
Wirtschaftsberater
4. Aufl. 2017. 250 S.
€ 14,90. dtv 50956
Auch als **ebook** erhältlich.

Arbeitsrecht

ArbG · Arbeitsgesetze
Textausgabe TOPTITEL
95. Aufl. 2019. 1037 S. NEU
€ 10,90. dtv 5006
Neu im August 2019

Mit den wichtigsten Bestimmungen zum Arbeitsverhältnis, KündigungsR, ArbeitsschutzR, BerufsbildungsR, SozialversicherungsR, TarifR, BetriebsverfassungsR, GleichbehandlungsR und VerfahrensR.

Mitbestimmungsgesetze in den Unternehmen mit allen Wahlordnungen
Textausgabe
8. Aufl. 2017. 532 S.
€ 16,90. dtv 5524

Neben dem Mitbestimmungsgesetz und dessen Wahlordnungen enthält der Band zahlreiche einschlägige Normen: u. a. Montan-Mitbestimmungsgesetz, Drittelbeteiligungsgesetz, Auszüge aus AktG, Betriebsverfassungsgesetz, HGB, GmbHG, SCE-Beteiligungsgesetz sowie europäische Richtlinien.

EU-Arbeitsrecht
Textausgabe
7. Aufl. 2019. 718 S. NEU
€ 17,90. dtv 5751
Neu im Juli 2019

Mit den wichtigsten Verträgen, Verordnungen und Richtlinien der EU zu Freizügigkeit, Arbeitsvertrag, Arbeitsschutz, Betriebsverfassung, Verfahrensrecht

Schulz/Jarvers/Gerauer
Kündigungsschutz im Arbeitsrecht von A–Z
Von Abfindung bis Zeugnis.
Rechtsberater
5. Aufl. 2016. 352 S.
€ 19,90. dtv 50766
Auch als **ebook** erhältlich.

Alle wesentlichen Fragen zum Thema »Kündigung und Kündigungsschutz« finden Sie hier beantwortet.

Schaub/Koch
Arbeitsrecht von A–Z
verständlich, übersichtlich, klar
Rechtsberater
24. Aufl. 2019. 808 S.
€ 19,90. dtv 51238
Neu im Dezember 2019

TOPTITEL
NEU

Arbeitsrecht in rund 350 Stichworten.

Mit diesem Lexikon erfahren Sie in rund 350 Stichworten leicht verständlich, was Sie vom Arbeitsrecht wissen sollten. Die Stichworte geben mehr als eine erste Orientierung. Dargestellt ist **das gesamte Arbeitsrecht** von der Begründung bis zur Beendigung des Arbeitsverhältnisses. Zusätzlich werden viele Randgebiete behandelt, wie zum Beispiel Arbeitsvermittlung, Arbeitslosenversicherung, Ausbildungsförderung, Lohnpfändung und Lohnsteuerrecht. Einen weiteren Schwerpunkt bildet das Recht besonderer Gruppen von Arbeitnehmern, etwa von Jugendlichen, schwerbehinderten Menschen und Heimarbeitern.

Für die Neuauflage haben die Autoren neue Stichworte ergänzt und die bestehenden hinsichtlich Rechtsprechung und Gesetzgebung komplett überarbeitet. Behandelt werden u. a. Schlagworte wie **Arbeit 4.0,** Entgelttransparenzgesetz und aktuelle Entwicklungen im **Datenschutz und Teilzeit- und Befristungsrecht.**

Die Verfasser

Prof. Dr. Ulrich Koch ist Vors. Richter am Bundesarbeitsgericht in Erfurt und Honorarprofessor an der Universität Göttingen. Als Autoren sind weiter beteiligt: RiBAG Dr. Martina Ahrendt, VorsRiBAG a.D. Prof. Klaus Bepler, VorsRiBAG a.D. Dr. Mario Eylert, VorsRiBAG Edith Gräfl, RiBAG Oliver Klose, Vizepräsident des BAG Dr. Rüdiger Linck und RiBAG Dr. Sebastian Roloff.

Hromadka/Maschmann
Arbeitsrecht für Vorgesetzte
Rechte und Pflichten bei der
Mitarbeiterführung.
Rechtsberater
6. Aufl. 2019. 486 S.
€ 24,90. dtv 51239
Auch als **ebook** erhältlich.
Neu im November 2019

Verantwortungsvolle Mitarbeiterführung.

Mitarbeiterführung verlangt mehr als nur Arbeitsrechtskenntnisse. Diese Kenntnisse sind aber der unerlässliche Hintergrund für eine gute Mitarbeiterführung und Voraussetzung dafür, dass die eigene Arbeit Erfolg hat. Der Vorgesetzte schuldet deshalb nicht nur dem Mitarbeiter ein Grundwissen im Arbeitsrecht; er benötigt es auch für seine eigene Karriere.

Dieses Buch für Führungskräfte, die zugleich Vorgesetzte sind, schildert **die Rechte und Pflichten gegenüber Bewerbern und Mitarbeitern** und zeigt, wann und wie der Betriebsrat einzuschalten ist. Der Schwerpunkt liegt auf den **Fragen der täglichen Praxis**, von der Bewerbung über die Rechte und Pflichten im Arbeitsverhältnis bis hin zu dessen Beendigung. Zugleich bietet es Vorgesetzten, Personalabteilungen und Betriebsräten eine systematische Einführung in das Arbeitsrecht.

Vorteile auf einen Blick:

- Systematische Darstellung der wichtigsten arbeitsrechtlichen Fragen der betrieblichen Praxis
- Berücksichtigt neue gesetzliche Regelungen und aktuelle Rechtsprechung
- Mit vielen Beispielen, Musterformulierungen, Tipps und Übersichten